J. Albrecht
11/91

The official Wimbledon Annual as authorized by
The All England Lawn Tennis and Croquet Club,
Wimbledon, England

WIMBLEDON

DAS OFFIZIELLE JAHRBUCH
'91

UFA FILM-UND FERNSEH-GMBH

Producing:
MCS Medien Creativ Service GmbH, Hamburg
Redaktion:
Dr. Jürgen Herbst
Texte:
Ralf-Peter Riebschläger
Sebastian Holder
Layout:
Katrin Dommermuth
Fotos:
Paul Zimmer
Projektmanagement und Gesamtherstellung:
Mohndruck Graphische Betriebe GmbH, Gütersloh
Printed in Germany
ISBN 3-921435-27-7

Vorwort

von J. A. H. Curry,
Chairman,
The All England Lawn
Tennis & Croquet Club
Wimbledon

Was war das doch 1991 für ein Wimbledon! Dabei hätte es so leicht eines der am wenigsten erfolgreichen Turniere werden können. Aber mit der Zusammenarbeit aller Beteiligten — auf den Plätzen und hinter den Kulissen — wurden die Meisterschaften zum glorreichen Tennisfest.

Der Anfang war verheerend. Dann trugen alle dazu bei, aus dem Unglück einen Triumph zu schmieden. Ob Spieler, Fans, Polizei, Ordner, Balljungen und -mädchen, das Club-Personal — jeder trug das Seine dazu bei, den Tag zur großartigen festlichen Angelegenheit werden zu lassen.

25.000 Fans standen Schlange, manche über Nacht, um der Reihe nach zu ihren Eintrittskarten zu kommen. Und was waren das doch für begeisterte, wohlerzogene Leute, die Tennis-Aficionados der Zukunft — denn im Durchschnitt waren sie durchweg um einiges jünger als sonst.

Andre Agassi gewann die Herzen der Wimbledon-Fans. Die 15jährige Jennifer Capriati suchte sich sogar den Centre Court aus, um erstmalig eine der vier weltbesten Spielerinnen — Martina Navratilova — zu schlagen. Auch das ein Spiel, das man nicht so schnell vergessen wird! Hinzu kam dann der Sieg von Michael Stich über Stefan Edberg im Halbfinale. Ich bin sicher, daß diejenigen, die in der herrlichen Sonne dabei waren, ganz besonders die Endspiele in den beiden Einzelwettbewerben in Erinnerung behalten werden. Sowohl das Tennis als auch das Wetter standen in angemessenem Gegensatz zu jenem ersten Montag des Turniers.

Steffi Graf zeigte wieder etwas von der brillanten Spielweise, die sie 1988 und 1989 durchgehend unter Beweis stellte, indem sie sich in drei langen Sätzen gegen die beherzt aufspielende Gabriela Sabatini durchsetzte. Daraufhin überraschte Michael Stich diejenigen, die ihn und sein überwältigendes Durchsetzungsvermögen sowie seine Charakterstärke nicht kannten, indem er Boris Becker auf seinem „Lieblingsplatz" schlug. Stichs Aufschlag und seine Rückhandreturns trugen diesmal den Sieg davon.

Ich kann dieses Vorwort nicht abschließen, ohne allen für ihre Heiterkeit in der ersten, schwierigen Woche meinen Dank auszusprechen. Ich hoffe, daß sich für Sie in den folgenden Texten und Bildern die Fröhlichkeit und der Erfolg der 105. Meisterschaften widerspiegeln.

Wimbledon, im Juli 1991

Inhalt

GEHEILIGTER RASEN - VERFLUCHTER RASEN

Wimbledon – das ist nach wie vor ein Zauberwort

London, 1875: Ein völlig undramatischer Vorgang im The All England Croquet Club, nur im inneren Zirkel nimmt man rege Notiz. Der private Sportclub, sieben Jahre vorher gegründet, bietet seinen Mitgliedern an der Worple Road einen neuen munteren Zeitvertreib. Tennis nennt sich das lustige Spielchen, das ein gewisser Major Walter Clopton Wingfield ein paar Jahre vorher eingeführt und gesellschaftsfähig gemacht hatte.

Die neugierigen Mitglieder, immer um Abwechslung und Zerstreuung bemüht, finden die Sache ziemlich aufregend. Zwei Jahre später werden einige Regeln verabschiedet und ein Turnier veranstaltet. 22 entschlossene Spieler melden sich an, ein gewisser Mr. Spencer Gore gewinnt das Turnier, die wenigen Zuschauer bezahlen für das Finale einen Schilling Eintritt, auch das Geschäft begann bereits zu blühen.

Wimbledon — Millionenspiel!

Den ehrenwerten Clubmitgliedern war wohl nicht klar, was sie mit ihrem Spieltrieb anrichten würden: Daß auch 1991 einige Millionen Menschen liebend gern Karten gekauft hätten, um einmal im Leben den „heiligen" Club-Rasen wenigstens aus 50 Meter Entfernung anschauen zu können, daß weltweit wieder Hunderte von Millionen die Fernsehübertragung verfolgten, daß der veranstaltende Club wie jedes Jahr eine zweistellige Millionen-Summe an den britischen Tennisverband übergeben wird, daß alle Sportvermarkter dieser Welt ihre Aktivitäten vom letzten Mal und vom vorletzten und dem Jahr davor wiederholt haben angesichts der Summen, die dem Club-Komitee durch die traditionelle Verbannung von Sponsoren-Werbung auf den Courts entgangen sind.

Wimbledon — Millionenspiel!

In jener glückseligen Vorzeit, 1877, vergnügten sich die ehrenwerten Clubmitglieder also an der Worple Road, die Begeisterung für das neue Spiel — für „Tennis" — steckte zumindest im Vereinsleben die Mitglieder an. Croquet? Keiner wollte mehr damit zu tun haben. Wie altmodisch. Das Wort Croquet wurde 1882 sogar aus dem Vereinsnamen entfernt, 1889 aber in einem Anflug von Tradition und Sentimentalität wieder in Gnaden aufgenommen.

Aber der Zeitgeist an der Worple Road, der gehobene und selbstredend moderne, der hatte dieses verrückte Ballspiel favorisiert. Und das trotz aller ansonsten „unschicklichen Transpiration" der Menschen auf dem Court. Der Club baute einen großen Hauptplatz, andere Plätze drumherum, später Zuschauer-Tribünen. Die Herrschaften und ihr Anhang, sofern sie nicht geneigt waren, selbst zu spielen, wollten wenigstens zusehen, wenn andere dieses Spiel vorführten. Und die Championships, zunächst „very british", bekamen in den Jahren nach der Jahrhundertwende zunehmend internationalen Charakter. Man kann es sich nicht recht erklären, dieses Phänomen, mit den Händen packen schon gar nicht. Schon merkwürdig, dieses Wimbledon.

Millionenspiel

Spencer Gore, der erste Sieger, spielte 1877 noch unter Ausschluß der Öffentlichkeit. Heute ist Wimbledon ein Millionengeschäft

Die neue deutsche Welle: Michael Stich und Steffi Graf präsentieren ihre Siegestrophäen (links).

Wimbledon — Millionenspiel!

1922: der Umzug. Das Zuschauerinteresse explodiert, die Kapazitäten des Clubs an der Worple Road sind erschöpft. König George V. eröffnet den neuen The All England Lawn Tennis and Croquet Club an der Church Road. Der Centre Court bietet Platz für 14.000 Zuschauer — eine mutige finanzielle Entscheidung, gleichzeitig eine Verneigung vor einer äußerst populär gewordenen Sportart.

Die begehrliche Leidenschaft, die Wimbledon heißt, entwickelt sich wie eine Lawine. Bomben des Zweiten Weltkrieges zerstören im Oktober 1940 das Dach des Centre Courts und 1.200 Sitzplätze in Wimbledon, nicht aber die Magie. Es gibt Streit in der Amateurfrage, Wimbledon öffnet sich 1968 allen Spielern und zahlt Preisgeld, aber selbst hartgesottene Profis würden Millionen geben, um einmal das Gefühl „Wimbledon-Sieg" erleben zu dürfen. 1973 läuft ein Spieler-Boykott wegen der Affäre Niki Pilic, im darauffolgenden Jahr ist die Magie wieder stärker. Wimbledon ist eben Wimbledon. Man frage nicht nach dem Warum.

Wimbledon in Kürze

1868 — Der Club wird unter dem Namen The All England Croquet Club gegründet, die Adresse ist die Worple Road in Wimbledon.

1877 — Spencer Gore gewinnt die ersten „The Championships", ist damit erster Wimbledon-Sieger.

1884 — Zum ersten Mal gibt es einen Damen-Wettbewerb, Maud Watson heißt die Siegerin. Auch das Herren-Doppel wird zum ersten Mal ausgetragen.

1889 — Der Club erhält den bis heute gültigen Namen The All England Lawn Tennis and Croquet Club. Der Brite William Renshaw gewinnt den Herren-Titel zum siebten Mal.

1907 — Der Prince of Wales, der spätere König George V., wird erster Präsident des Clubs.

1909 — Der Club führt die traditionellen Farben Dunkelgrün/Purpur ein.

1913 — Premiere für Damen-Doppel und Mixed.

1920 — Die Französin Suzanne Lenglen gewinnt drei Titel.

1922 — Der Club zieht um, wechselt von der Worple Road an die Church Road.

1937 — Erste Fernsehübertragung; der Amerikaner Donald Budge gewinnt als erster im Herren-Tennis drei Titel in einem Jahr.

1948 — Die Junioren-Wettbewerbe finden zum ersten Mal statt.

1957 — Königin Elizabeth II. besucht Wimbledon; mit Althea Gibson (USA) gewinnt zum ersten Mal eine schwarze Spielerin.

1968 — Zum ersten Mal werden bei „The Championships" Profi-Spieler zugelassen. Als Preisgeld sind 26.150 englische Pfund ausgesetzt.

1971 — Der Tiebreak wird eingeführt.

1973 — Rund 80 Herren der Spielergewerkschaft ATP boykottieren Wimbledon, weil der jugoslawische Tennisverband den Spieler Nicola Pilic gesperrt hat.

1977 — 100jähriges Jubiläum von „The Championships", Königin Elizabeth II. gibt sich die Ehre. Das Wimbledon-Museum und die Wimbledon-Bücherei werden eröffnet.

1985 — Der 17jährige Boris Becker gewinnt als jüngster Spieler aller Zeiten.

1986 — Die 100. Meisterschaften finden statt — über 400.000 Zuschauer erleben die Spiele live.

1990 — Martina Navratilova gewinnt zum neunten Mal den Titel.

1991 — Erstmals in der Geschichte Wimbledons stehen zwei Deutsche im Endspiel. Michael Stich gewinnt als zweiter deutscher Spieler das Turnier.

Umzug

1922 zog der Club von der Worple Road auf die heutige Anlage an der Church Road

Der heilige Ort, das Tennis-Mekka, von oben (Seite 10/11).

Königliche Pause: Prinz William und die Prinzessin von Wales während eines Seitenwechsels (links).

VON SPENCER GORE BIS MICHAEL STICH

Ein Kaleidoskop der Sieger und Siegerinnen seit 1877

Wäre es nach ihm gegangen, hätte man es 1877 bei dem ersten Wimbledon-Turnier belassen, da dieses Spiel seiner Meinung nach keine Zukunft habe. Glücklicherweise irrte sich Spencer Gore gewaltig. So wurde er der erste Sieger des Turniers, das später einmal das bedeutendste der Welt werden sollte. Er war der erste derer, die, unabhängig von späteren Erfolgen oder Mißerfolgen, ein fester Bestandteil der Tennisgeschichte werden sollten.

Als Gore im Jahr danach seinen Titel gegen den Sieger der Herausforderungsrunde verteidigen sollte, traf er auf seinen Landsmann Frank Hadow. Dieser sah sich dem kühnen Angriffsspiel Gores ausgesetzt und wehrte sich — zu seinem eigenen Erstaunen — mit hohen Bällen, die den attackierenden Gore an die Grundlinie zurücktrieben, bis er sich mit 5:7, 5:7 geschlagen geben mußte. Frank Hadow hatte aus der Not heraus den Lob erfunden, der sich fortan großer Beliebtheit erfreute.

Drei Jahre später qualifizierte sich ein junger Mann für das Finale, der endlich eine Antwort auf die Lobs der Defensiv-Spieler gefunden hatte. William Renshaw schlug die hohen Bälle direkt aus der Luft zurück, so daß seinem Gegenüber, Pfarrer John T. Hartley, der in den vergangenen zwei Jahren gewonnen hatte, nur der hilfesuchende Blick zum Himmel blieb. 6:0, 6:2, 6:1 hieß es am Ende für den Herausforderer. Es war der Anfang einer Erfolgsserie, die bis heute — trotz eines Björn Borg — die erfolgreichste in der Geschichte des Herren-Tennis in Wimbledon ist. Siebenmal triumphierte Renshaw zwischen 1881 und '89 im Tennis-Mekka. Dreimal besiegte er im Finale seinen Zwillingsbruder Ernest, der sich 1888 selbst in die Siegerliste eintrug. Im Doppel gewannen sie zusammen siebenmal.

Es folgte die Herrschaft der Doherty-Brüder, die zusammen neun Titel gewannen. Reginald, der ältere, siegte von 1897 bis 1900. Dann jedoch mußte der labile, wegen seiner Blässe stets majestätisch wirkende Brite seine Karriere aus gesundheitlichen Gründen beenden. Sein Bruder Laurie führte die Familien-Tradition fort und gewann ab 1902 fünfmal in Folge. Achtmal siegten sie im Doppel — in zehn Jahren.

Die Damen spielten erstmals 1884 um den Titel. Maud Watson hieß die erste Siegerin, die ein Jahr später ihren Titel verteidigte. Charlotte Dott, die man Lottie nannte, dominierte die Damen-Szene in Wimbledon vor der Jahrhundertwende. Dorothea Lambert Chambers triumphierte viermal vor dem Ersten Weltkrieg. Dann kam die große Zeit der Französin Suzanne Lenglen, die zwischen 1919 und 1925 sechsmal erfolgreich war.

Die Göttliche, wie sie ob ihres Spiels und ihrer Extravaganzen genannt wurde, revolutionierte das Tennis durch ihren kraftvollen Stil und ihre ärmellosen Kleider, die den steifen Engländern die Schamesröte ins Gesicht trieben. Sie war der erste Rebell, dem später noch einige folgten. Die fliegenden langen Röcke, die abgespreizten Arme und das stets in die Luft geschwungene rechte Bein, das sie bei Vorhandbällen von sich streckte, als wäre es lästig, waren ihre Markenzeichen.

Die Planen-Ordner hatten dieses Jahr alle Hände voll zu tun. Der ständige Regen ließ sie nicht zur Ruhe kommen (links).

Wie bei den Damen war auch bei den Herren nach dem Ersten Weltkrieg die englische Vorherrschaft gebrochen. Der Amerikaner William Tilden siegte dreimal und focht einen langen Kampf mit Frankreichs „vier Musketieren" aus. Henri Cochet, René Lacoste, Jean Borotra und Toto Brugnon teilten die Titel im Einzel und Doppel unter sich und „Big" Bill Tilden auf. Je zweimal siegten Cochet, Lacoste und Borotra von 1924 bis '29. Lediglich Brugnon blieb ohne Einzelsieg.

Die Engländer erholten sich anschließend von ihrer Durststrecke. Doch nur für kurze Zeit. Fred Perry, ein Arbeitersohn aus Manchester, schaffte 1936 den Hattrick, nachdem er das dritte Mal in Folge gesiegt hatte. Er spielte Cricket und Fußball und wechselte dann zum Tischtennis in den Brentham Garden Suburb Club. Im Jahre 1929 gewann er als 20jähriger die Weltmeisterschaft. Diese Ausbildung führte er auch später noch als Grundlage für seine Erfolge als Tennisspieler an. Sein letzter Sieg sollte bis heute auch der letzte eines Engländers sein.

Jener Fred Perry besiegte in den Endspielen von 1935 und 1936 einen Deutschen: Gottfried von Cramm. Manch einer behauptet noch heute, er sei der beste Spieler aller Zeiten gewesen, der nie in Wimbledon gewonnen. Von Cramm wurde vor allem seiner Fairneß wegen hoch geachtet. „Ich würde nie einen Schiedsrichter kritisieren oder korrigieren. Weder zu meinen Gunsten noch zu meinen Ungunsten. Das untergräbt nur seine Autorität", erklärte er einmal.

Donald Budge, Sohn eines Schotten, der bei den Glasgow Rangers Fußball spielte, bevor es ihn ins wärmere Kalifornien verschlug, war der härteste Konkurrent von Cramms, nachdem sich Fred Perry zurückgezogen hatte.

Bei den Damen folgte Helen Wills Moody, deren Rekord von acht Einzel-Titeln zwischen 1927 und '38 erst im vergangenen Jahr von Martina Navratilova ausgelöscht wurde. Unterbrochen wurde ihre Siegesserie unter anderem von der Deutschen Cilly Aussem. Sie besiegte 1931 ihre Landsfrau Hilde Krahwinkel und trug sich als erste Deutsche in die Siegerliste ein.

1952 trat ein Mädchen in den Vordergrund, auf das man schon im Jahr zuvor bei den US Open aufmerksam geworden war. Maureen Conolly wollte eigentlich Reiterin werden. Von diesem Traum konnte sie sich trotz ihrer Erfolge im Tennis nie ganz lösen. Und dieser Traum war es, der ihre erfolgreiche Karriere so plötzlich beendete. 1954, ein Jahr, nachdem sie als erste Frau den Grand Slam gewonnen hatte, stürzte sie vom Pferd. Ihr Bein wurde so zertrümmert, daß sie ihre Karriere beenden mußte. 1970 starb sie im Alter von 35 Jahren an Krebs.

Dann kam die Zeit der Australier: Lew Hoad, der zweimal triumphierte, Ken Rosewall, der nie gewann, jedoch viermal erst im Finale unterlag, zuletzt 1974 als 41jähriger gegen Jimmy Connors. Oder Roy Emerson, der 1964 und 1965 den Titel gewann und noch heute mit zwölf Siegen bei Grand-Slam-Turnieren diese Rangliste anführt. Jedoch gewann er fast all seine Titel zu der Zeit, da die besten Spieler Profis waren und deshalb von der Grand-Slam-Tour ausgeschlossen waren.

Hier ist vor allem ein Mann hervorzuheben: der Australier Rod Laver. 1962 gewann er als zweiter Spieler nach Donald Budge alle vier Grand-Slam-Turniere, wurde anschließend Profi und durfte 1968, zu Beginn des Open-Tennis, wieder teilnehmen. Das tat er mit Erfolg. Gleich im ersten Jahr gewann er erneut den Grand Slam. Eine Leistung, die zeigt, was er alles hätte erreichen können, wäre er nicht viele Jahre ausgeschlossen worden.

Indes war bei den Damen die Zeit von Margaret Court zu Ende gegangen. Sie hatte dreimal in Wimbledon

Nachkriegsjahre

Nach dem Ersten Weltkrieg war die Vorherrschaft der Engländer bei den Damen und Herren gebrochen

Fred Perry mußte auch bei starkem Regen die Stellung halten. Die Briten hatten ihrem letzten Sieger ein Denkmal gesetzt (Seite 16/17).

Boris Becker bejubelt einen gelungenen Schlag (links).

gewonnen und ist noch heute mit 24 Grand-Slam-Siegen die erfolgreichste Spielerin aller Zeiten. Billie Jean King hatte die Krone übernommen und trug sich in der Zeit zwischen 1966 und '75 sechsmal in die Siegerlisten ein.

Chris Evert, die kühle, freundliche Amerikanerin, war Billie Jean Kings Nachfolgerin. Die Briten machten sie zu einer von ihnen. Ihre Grazie, die faire sportliche Haltung — auch in Niederlagen — machte sie zu einem der Publikumslieblinge.

Zehnmal stand sie um 14 Uhr auf dem Centre Court im Finale. Siebenmal verließ sie ihn als Verliererin. Fünfmal unterlag sie davon Martina Navratilova, mit der sie länger als ein Jahrzehnt das spannendste Duell führte, das das Damen-Tennis je gesehen hatte. 43 der 80 Spiele gewann die gebürtige Tschechoslowakin.

Ein junger Schwede tauchte 1976 in Wimbledon auf, der seine Gefühle stets verbarg. Er war mit der Reputation zweier French-Open-Titel angereist. Doch sein Spiel von der Grundlinie versprach auf dem schnellen Rasen Wimbledons nicht viel Erfolg. „Ice-Borg" taufte ihn die englische Boulevard-Presse. Lediglich bei seinen fünf Wimbledon-Siegen in Folge kehrte Björn Borg sein Inneres nach außen. Zweimal bezwang er im Finale Jimmy Connors, mit dem er ähnliche Duelle austrug wie Christ Evert mit Martina Navratilova.

Bei seinem fünften Triumph sah sich der ruhige Schwede mit dem Prototyp seines Gegenstücks konfrontiert. John McEnroe, ein fluchender, schlägerschmeißender Amerikaner, dem nicht einmal Wimbledon heilig war, stand auf der anderen Seite des Netzes und wehrte sich fünf Sätze lang gegen die Niederlage. Im Tiebreak des vierten Satzes wehrte er sechs Matchbälle ab, vergab acht Satzbälle, bevor er den Durchgang noch für sich entschied. Im fünften Satz setzte sich jedoch die Routine Borgs durch, der erneut triumphierte.

Doch die Ablösung stand kurz bevor. McEnroe spielte das Tennis von morgen. Und im nächsten Jahr war es dann soweit. In vier Sätzen bezwang er Borg, der in seinem sechsten Finale in Folge erstmals scheiterte.

John McEnroe war nun der neue Regent von Wimbledon. Die Briten sahen das mit Schrecken. Für ihn brachen sie sogar eine Tradition, was sie in diesem Fall sicher keine Überwindung kostete. Als erstem Sieger in der Geschichte Wimbledons verweigerten sie dem stets lamentierenden und mit sich, dem Referee und dem Schicksal hadernden Amerikaner die Aufnahme in den Club. Erst bei seinem zweiten Sieg im Jahre 1983 wurde ihm diese Ehre verspätet zuteil.

Nun sind es andere, die das Geschehen bestimmen. Die vergangenen Jahre standen ganz im Zeichen Boris Beckers und Stefan Edbergs. Dreimal hintereinander bestritten sie das Finale. In der Geschichte des Open-Tennis ist Boris Becker nach drei Siegen in sechs Final-Teilnahmen nun nach Björn Borg der erfolgreichste Spieler.

Dieses Jahr war das Jahr der jungen Generation. Gabriela Sabatini, Mary-Joe Fernandez, Jennifer Capriati und Steffi Graf, die 1991 zum dritten Mal siegte, lösten Martina Navratilova und Zina Garrison ab. Der Wechsel ist vollzogen. Martina Navratilova mußte erkennen, daß der zehnte Titel inzwischen außerhalb ihrer Möglichkeiten ist. Und auch Ivan Lendl, einer der tragischen Verlierer Wimbledons, der hier, wie auch Ken Rosewall und Ilie Nastase, nie gewinnen konnte, wird eingesehen haben, daß sein letzter unerfüllter Traum unerfüllt bleiben wird.

Michael Stich, der diesjährige Sieger, hat ein neues Kapitel aufgeschlagen. Er bringt alle Voraussetzungen mit, um hier über Jahre hinweg zu dominieren, wie es vor ihm schon so viele taten. Doch eines ist jetzt schon gewiß: der Sieg hat ihn unsterblich gemacht.

Rekordmann

Björn Borg, der kühle Schwede, gewann von 1976 bis 1980 fünfmal in Folge den Einzeltitel

Titelverteidiger Stefan Edberg rauft sich die Haare. 1991 lief es bei ihm nicht wie geplant. Im Halbfinale war Endstation (links).

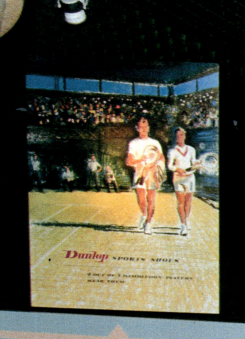

THE NEW YORKER
Aug. 16, 1941 — Price 15 cents

5¢ a copy
Collier's
THE NATIONAL WEEKLY

The Hitler Jitters
By T.R. Ybarra

AMERICANS VICTORIOUS

In 1947 the Americans triumphed at Wimbledon, led by the Singles Champions, Jack Kramer & Margaret Osborne.

BEGINNING AGAIN

The All England Lawn Tennis Club re-opened for play in July 1945 with a match on No.1 Court between the forces of the British Empire and the U.S.A.

WAR AT WIMBLEDON

On the 31st August 1939, the Re and the St. John's Ambulance Brigad WIMBLEDON WAS AT W

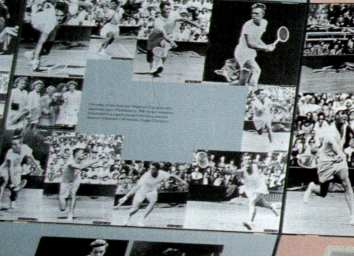

MY EXPERIENCE WHILST ON DUTY AT THE WIMBLEDON LAWN TENNIS CL

THE SATURDAY EVENING POST

Bovril keeps you fit!

MARBLE & BUDGE

In the late thirties a tougher and more aggressive game was played at Wimbledon.

THE TWO HELENS

The American, Helen Wills, succeeded Suzanne Lenglen as Queen of the Centre Court in 1927.

Donald BUDGE

Helen WILLS

Fred Perry (G.B.)
Wimbledon Champion,
1934 - 1936

STARS
of the
CENTRE
COURT

Alice MARBLE

Helen JACOBS

LIFE

THE SATURDAY EVENING POST

TIME

LISTENING POINT

2

NUR WENIGE WERDEN MITGLIED

Der All England Lawn Tennis & Croquet Club

Nur 380 Mitglieder

Aufgenommen werden nur Auserwählte und die Sieger

Im Wimbledon-Museum sind die Taten der Stars von gestern und heute bildlich festgehalten (Seite 22/23).

Auch Reliquien und Büsten der Helden zieren den Raum im ersten Stock neben dem Pressezentrum (Seite 24/25).

Der bekannte britische Journalist John Parsons beobachtet seit rund 40 Jahren regelmäßig das Turnier in Wimbledon. Daher kennt er den veranstaltenden All England Lawn Tennis & Croquet Club besonders gut. Er beschreibt seine persönlichen Erfahrungen.

Vor einigen Jahren, als „Buzzer" Hadingham, wie er sich stets gerne nennen läßt, im All England Club den Vorsitz führte, wurde er während eines Rundgangs mit einigen Gästen auf einem Tennis-Festessen in Irland gefragt, wie viele Mitglieder der Club in Wimbledon denn so hätte.

„Nur 380, dazu eine geringe Anzahl Ehrenmitglieder", erzählte er — sehr zur Verwunderung seines Gesprächspartners.

„Haben Sie jemals daran gedacht, Werbung zu machen?" fragte man ihn. „Vor einigen Jahren waren wir knapp an Mitgliedern. Unsere Erfahrung war, daß etwas Werbung Wunder wirken kann."

„Ich bin sicher", erwiderte Mr. Hadingham höflich, „daß der Vorstand das in Erwägung ziehen wird, falls wir es jemals für notwendig erachten." Er mochte seinem Gesprächspartner nicht verraten, daß der Club es ganz bewußt bei 380 ordentlichen Mitgliedern beläßt — und daß das Angebot, nachzurücken, eines der begehrtesten Privilegien ist, die der Weltsport anzubieten hat.

Traditionsgemäß wird allen Siegern im Herren- oder Dameneinzel die Eh-

renmitgliedschaft im All England Lawn Tennis & Croquet Club — wie er offiziell heißt — angetragen.

Keineswegs ein Witz ist es, darauf hinzuweisen, daß ein Titelgewinn wahrscheinlich die einfachste Möglichkeit ist, zu Mitgliedsehren zu kommen. Automatisch erfolgt die Aufnahme auch dann nicht. John McEnroe beispielsweise mußte seinen zweiten Titelgewinn abwarten, bis ihm die Mitgliedschaft angeboten wurde. Auf diese Weise zeigte ihm der Club, daß er sein bisheriges Benehmen mißbilligte.

Ken Rosewall dagegen — wohl der größte Spieler, der niemals in Wimbledon siegte; seine Endspiele schlugen einen Bogen über zwei Jahrzehnte: von 1954 bis 1974 — wurde in Anerkennung seiner großen Verdienste um den Tennissport zum ordentlichen Mitglied erkoren.

Die Clubmitglieder kommen aus allen erdenklichen Lebensbereichen. Die Mehrheit, die entweder für ihre Grafschaft oder für England gespielt hat, verfügt sicherlich über einen tiefverwurzelten Tennis-Background.

Aus dem gegenwärtigen Vorstand spielten z.B. John Curry, der Vorsitzende, und Tim Phillips für die Auswahl der Universität Oxford, während Geoffrey Cass für die Universität Cambridge und Mike Hann für die Royal Air Force spielten. Zwei weitere Mitglieder des Komitees, John Feaver und John Barrett, sind ehemalige Turnierspieler, die im Davis-Cup-Wettbewerb für England antraten. Sämtlich nahmen sie an den Meisterschaften in Wimbledon teil.

Mr. Feaver hält sogar einen Wimbledon-Rekord, den er wohl lieber vergessen würde. Im Herreneinzel servierte er einmal 42 Asse gegen den Australier John Newcombe — und verlor das Match trotzdem!

Zu den Clubmitgliedern gehören aber auch Tennisfans, deren Fähigkeiten in erster Linie auf anderen Gebieten, z.B. bei den Streitkräften, in der Politik, der Justiz oder der Industrie, liegen.

Auch die Welt des Showbusineß ist gut vertreten, u.a. durch den großen Schauspieler und Erzähler Peter Ustinov. Mit Charlton Heston ist kürzlich ein weiterer Schauspieler hinzugekommen. Wenn er sich in London aufhält, spielt er regelmäßig in Wimbledon. Den Centre Court beschrieb er einmal als „die schönste Tenniskulisse der Welt".

Die Meisterschaften gehen auf das Jahr 1877 zurück, und heutzutage fällt es schwer, sich vorzustellen, daß auf den anfänglichen Erfolg eine Flaute folgte. Einmal sogar schloß man die Meisterschaften mit einem Minus ab. Jetzt handelt es sich natürlich um einen riesigen kommerziellen Betrieb, bei dem Fernsehübertragungen in alle Welt ausgestrahlt werden, und 750 Journalisten fast alle Länder der Welt vertreten, darunter diesmal auch Armenien und Indonesien.

Das entsetzliche diesjährige Wetter, besonders in der ersten Woche, wird zu einem erheblichen Rückgang der Einnahmen geführt sowie zusätzliche Kosten verursacht haben. An den ersten beiden Tagen wurde z.B. ein Zuschauerrückgang von 5.000 registriert. Das entspricht DM 200.000 weniger Einnahmen aus Eintrittskarten. Darüber hinaus fanden 5.000 Programmhefte keine Käufer. Außerdem mußte das Personal zum größten Teil Überstunden machen.

Trotzdem dürften die diesjährigen Einnahmen denjenigen des Vorjahres — DM 27 Mio. — wenigstens entsprochen haben; sogar ein Plus erscheint möglich. Gemäß einer Vereinbarung zwischen dem Club und der British Lawn Tennis Association aus dem Jahre 1934 soll der gesamte Erlös dem britischen Tennissport zugute kommen.

Ich benutze bewußt das Wörtchen „soll", denn im Sommer 1991 befand sich kein Engländer unter den ersten 100 und keine Engländerin unter den ersten 50 besten Spielern bzw. Spielerinnen der Welt. Somit hat man ein treffliches Beispiel dafür, daß man mit Geld allein sportlichen Erfolg nicht erzwingen kann.

Wenn am letzten Tag der Meisterschaften die Uhr von St. Mary's, deren Kirchturm die Plätze überblickt, Mitternacht anzeigt, wird der Club offiziell geschlossen... — für einen Tag.

Weithin bekannt ist die Tatsache, daß der Centre Court ein Jahr lang bis zum Beginn des nächsten Turniers nicht mehr benutzt wird — außer zu einem Übungsspiel am Sonnabend vor der Meisterschaftseröffnung und zu einem weiteren Spiel zwei Tage nach Turnierende, bei dem der Vorsitzende und der Verwaltungschef feststellen, wie gut der Rasen die vierzehn Tage überstanden hat.

Zwischen März und September gibt es jedoch kaum ein Wochenende, an dem nicht irgendein Wettbewerb irgendwo auf dem Clubgelände stattfindet: von einer Davis-Cup-Begegnung bis zu einem Endspiel in Schul- oder örtlichen Parkmeisterschaften und sogar ein Spiel zwischen Berichterstattern!

Wimbledon ist als Institution ein Unikum. Das Spiel hat sich drastisch verändert. Es ist schneller, athletischer, die Ballwechsel sind kürzer geworden. Und dennoch ist das Flair, die einmalige Atmosphäre auf dem Centre Court und dem Court Number One erhalten geblieben. Es gibt nichts annähernd Vergleichbares.

Auch Peter Ustinov

Prominente aus Politik, Industrie und aus dem Showbusineß zählen zu den Mitgliedern

FERNSEHEN AUS DEM CONTAINER

Eine eigene „Stadt" für Presse, Funk und Television

*Der Autor, Ullrich Potofski,
ist Leiter der Sportredaktion beim
Privat-Fernsehen RTLplus in Köln.
RTLplus berichtete exklusiv
für das deutsche Publikum aus
Wimbledon.*

Für die vierzehn Tage von WIM-BLEDON entsteht hinter den Plätzen 14, 15, und 16 ein vierstöckiges Medienzentrum fürs Fernsehen. Das Ganze dauert etwa eine Woche. Danach beginnen die Fernsehtechniker aus aller Welt damit, ihre Studios zu verkabeln und einzurichten. Da werden aus kleinen, grünen Buden innerhalb weniger Tage phantasievolle Landschaften.

Ein, zwei Tage vor Turnierbeginn treffen die Medienvertreter ein. Journalisten von der schreibenden Presse, Hörfunkvertreter, Fotografen sowie Kommentatoren vom Fernsehen. Insgesamt waren 1.700 Medienmitarbeiter (incl. Technikern) 1991 akkreditiert.

WIMBLEDON ist zum Medientreffpunkt geworden. Für die Fernsehleute produziert die gastgebende Anstalt, die altehrwürdige, aber auch heute noch vorbildliche BBC, die Bilder. Das heißt, von den wichtigsten Plätzen der Anlage werden fünf verschiedene Bildausschnitte angeboten. Die einzelnen Sender wählen aus diesem ihr Programm aus. Dieses Angebot wird durch ein eigenes Studio, kleine, bunte Geschichten und Interviews zu einem individuellen „Menü" verarbeitet.

Dabei gilt es allerdings, einige typische WIMBLEDON-Gesetze zu beachten. Gespräche mit Spielerinnen und Spielern, die sich noch im Wettbewerb befinden, dürfen nur in den offiziellen Interviewräumen des Clubs geführt werden. Ein Besuch der Spieler in den einzelnen Studios ist untersagt. Auch gibt es ein zeitliches Limit für die Gespräche. Während des ganzen Turniers steht schon mal ein vornehmer, aber sehr bestimmt auftretender Herr neben der Kamera. Bewaffnet mit einer Stoppuhr achtet er darauf, daß die Zwei-Minuten-Grenze nicht überschritten wird.

71 Fernsehanstalten (von Abu Dhabi bis Zimbabwe) haben 1990 insgesamt 2.133 Stunden und 31 Minuten übertragen. 1991 stieg die Zahl der Fernsehanstalten auf 80 in 75 Ländern.

Auf dem Dach des Containerhauses künden verschiedene Schüsseln vom Satellitenzeitalter. Die Japaner versuchen sich bereits mit neuen Techniken: HDTV — hochauflösendes Fernsehen — wird nach Japan übertragen. Eine neue phantastische Bildqualität, mit speziellen Kameras vom Court Number One eingefangen, kündigt von der Zukunft. Als gastgebende Anstalt liefert die BBC seit drei Jahren vom Centre Court HDTV-Bilder in der europäischen Version. Tennis mit Tiefenschärfe ist das Resultat. WIMBLEDON gleich Medienzukunft.

Doch ist alles vergänglich. Kaum ist das Herren-Endspiel vorbei, wird alles wieder abgebaut. Ein Gesetz in England besagt, daß improvisierte Gebäude nur vier Wochen stehen bleiben dürfen. Perfektionismus und Improvisation werden sich wieder die Hand geben — 1992.

Medienspiele

1990 haben 71 Fernsehanstalten von Abu Dhabi bis Zimbabwe insgesamt 2133 Stunden und 31 Minuten Tennis in alle Welt übertragen

Das Refugium der Spieler bleibt der Presse unzugänglich (links).

29

RUNDE EINS DAUERTE SECHS TAGE

Dauerregen zerrte eine Woche lang an den Nerven

Es zerrte an den Nerven. Gewaltig sogar. Der Club hatte ein weiteres Mal zwölf Monate lang akribisch gearbeitet. Jim Thorne, Chef der Grashalme, hatte wieder einmal das wunderbare und unverwechselbare Grün auf die Plätze gezaubert. Oberschiedsrichter Alan Mills hatte seine Dienstpläne und seine Hilfstruppen im Griff. Boris Becker, dreimaliger Wimbledon-Champion, hatte wie immer in den letzten Jahren zunächst den Rasen mit der rechten Hand zartfühlend gestreichelt, ihn dann vorsichtig betreten und gesagt, daß er sich von nun an wie zu Hause fühlen würde, wie in seiner guten Stube. Alles und jedes hatte gestimmt.

Aber Stefan Edberg, im letzten Jahr im fünften Finalsatz ein wenig besser als Boris Becker und deshalb als Titelverteidiger geehrt, das Eröffnungs-Match gegen den 20jährigen Schweizer Aufschlag-Spezialisten Marc Rosset bestreiten zu dürfen, mußte seine Künste lange Zeit den Fans vorenthalten. Regen um 14 Uhr, Regen um 15 Uhr, Regen um 16 Uhr, Regen um 17 Uhr. Und wenn um 18.45 Uhr nicht die unausweichliche Absage gekommen wäre, wer weiß, vielleicht hätten die gestählten Fans auch noch das Zwitschern der Vögel am nächsten Morgen live „on court" erlebt. Kein Ballwechsel also am ersten Tag, das war zuletzt 1967 passiert, überhaupt erst zum vierten Mal.

Und so wurde eben an diesem Montag weiter das diskutiert, was es in Wimbledon auch noch nie gab: Was steckte hinter der plötzlichen Absage der an Nummer eins gesetzten Weltranglisten-Ersten Monica Seles aus Jugoslawien? Zwei Tage vor Turnierbeginn erst hatte die 17jährige verlauten lassen, daß sie nicht kommen werde. Es gab der Aussagen viele aus dem fernen Amerika, wo sie sich aufhalten sollte. Ein kleinerer Unfall sei der Grund für den Verzicht, dann waren es Knieprobleme, dann eine schmerzhafte Knochenhautreizung, dann allgemeine Erschöpfungszustände. Keiner wußte Genaues, was das Geheimnis ja noch geheimnisvoller machte.

Das Einfachste passierte eben nicht. Daß nämlich Monica Seles am vermeintlichen Behandlungsort in Vail (Colorado/USA) den Telefonhörer ergriffen und dem mitfühlenden Publikum erklärt hätte, warum sie sich außerstande fühlte, dem möglichen Grand-Slam-Gewinn nach den beiden vorherigen Siegen in Melbourne und Paris noch einen Schritt näher zu kommen. Nein, Monica Seles tat es nicht, und so mußte der durchaus verständigungsbereite Amerikaner Gerald Smith, als Chief Exekutive Officer wichtigster Entscheidungsträger der Spielerinnen-Vereinigung „Women's Tennis Association" (WTA), das Strafmaß von 6000 US-Dollar gegen die junge Dame aussprechen, allerdings mit dem öffentlichen Hinweis, daß die Tür noch einen kleinen Spalt offen sei, wenn ein ärztliches Attest über Art und Wirkungsgrad der Verletzung beigebracht würde.

Seles-Rivalin Steffi Graf allerdings verstand den ganzen Wirbel überhaupt nicht. „Ich an Monicas Stelle hätte die Verletzung bekanntgegeben, Ende der

Noch ist dem stets fröhlichen Jim Courier das Lachen nicht vergangen, doch der Regen hörte nicht auf…

Vorstellung." Wie wahr. So mußte das Wimbledon-Komitee spätestens nach der nüchternen Recherche von „Times"-Korrespondent David Miller, daß Monica Seles direkt nach den French Open in Paris die schon angemietete Villa in der „Somerset Road" wieder gekündigt hatte, zur Kenntnis nehmen, daß offensichtlich allein taktische Gründe für den plötzlichen Verzicht der Jugoslawin ausschlaggebend waren. Gar keine Frage, daß der Club keine Argumente mehr besaß, diesen Vorwurf jetzt noch dementieren zu können, um seine top-gesetzte Spielerin vor unberechtigten Angriffen zu schützen.

Nein, es war nicht unbedingt ein glücklicher Tag. Martin Laurendeau wird das vermutlich ganz anders gesehen haben, der Kanadier rückte als „lucky looser" in das Hauptfeld nach, weil der Schwede Mats Wilander, die ehemalige Nummer Eins, wegen einer Knieverletzung seine Teilnahme streichen mußte.

Die Damen und Herren Pizza-Bäkker, „Hot-dog"-Verkäufer und „Fish-and-chips"-Köche gehörten angesichts des vier Kilometer langen Beweises, daß die zweitliebste Beschäftigung der Wimbledon-Besucher eben Schlangestehen und Essen sein muß, zu den Fröhlichsten in der Church Road. Auf der anderen Seite fühlten sich rund 28000 Menschen — so sie nicht gerade eine Pizza oder ein Hot dog oder Fish-and-chips ergattert hatten — unglücklich. Als Regenopfer nämlich. Die Erdbeer-Verkäufer hatten sogar doppeltes Pech: Sie mußten zunächst wegen der schlechten Ernte belgische und spanische Früchte dazukaufen, blieben dann im Regen aber auf einigen Tonnen sitzen.

40 Herren- und 26 Damenspiele fielen also am Montag ins Wasser, die weiteren Aussichten waren auch nicht so, daß man das Prinzip Hoffnung mit ausreichender Berechtigung hätte in Anspruch nehmen können. Was wiederum die Nerven aller Beteiligten in immer stärker werdendem Maße flattern ließ. Was sollte man auch halten von einem Juni, der nach Ansicht britischer Meteorologen bisher so schlecht gewesen war wie schon seit 300 Jahren nicht mehr.

Neuer Tag, neues Glück. Vielleicht war es das Mindestmaß einer Verbeugung vor den tennisspielenden Damen an ihrem traditionellen „Ladies-Day", der den Herrn über Wind und Wetter wenigstens für einige Stunden milder stimmte. Vorjahressiegerin Martina Navratilova, neunmalige Wimbledon-Gewinnerin mit viel Lust auf Rekordtitel Nummer zehn, eröffnete die Spiele auf dem Centre Court, den Steffi Graf kurze Zeit später als allerschönsten auf dieser Welt bezeichnen sollte. Elna Reinach hieß die Dame, Doppelspezialistin aus Südafrika, die das Los dazu bestimmt hatte, Anlaß zu sein für einen weiteren Eintrag der 34jährigen in die Geschichtsbücher Wimbledons. Die beste Serve-and-volley-Spielerin der Welt holte sich durch das 4:6, 6:2, 6:4 ihren 100. Sieg bei den „Championships".

Doch es trennten Martina Navratilova nur genau sechs Punkte von einem anderen, einem negativen Rekord. 4:3, 30:0 führte Elna Reinach (Nr. 49 der Weltrangliste) bei eigenem Aufschlag im entscheidenden dritten Satz, aber die vage Idee an einen möglichen Triumph über die Navratilova mußte die Südafrikanerin wohl schockiert haben. Martina, die zu diesem Zeitpunkt nach eigener Aussage ein mögliches Ausscheiden gedanklich einkalkuliert hatte und bei einer Niederlage als erste Titelverteidigerin mit einer Erstrunden-Pleite in die Geschichte eingegangen wäre, holte von den letzten 13 Punkten genau zwölf. Martina Navratilova: „Irgendwie konnte ich mich nicht richtig konzentrieren. So ein hartes Match wollte ich wirklich nicht haben. Jetzt, wo es vorbei ist, bin ich glücklich, daß ich es bekommen habe."

Regen, Regen...

Nach Ansicht britischer Meteorologen war der Juni so schlecht wie seit 300 Jahren nicht mehr

Boris Becker mußte lange auf seinen ersten Einsatz warten, doch dann erlebte man ihn wieder in gewohnter Manier.

Steffi Graf, im März '91 nach 186 Wochen als Nummer Eins der Weltrangliste von Monica Seles abgelöst, machte auf dem Court Nr.1 mit der 19jährigen Belgierin Sabine Appelmans (Nr.24 der Weltrangliste) kurzen Prozeß, gewann in 56 Minuten 6:2, 6:2. „Ich bin ganz zufrieden, unter diesen Bedingungen gewonnen zu haben. Der Wind hat beim Aufschlag sehr gestört, der Rasen war schlüpfrig, und ich mußte immer wieder an die Australian Open 1984 denken. Da bin ich unter gleichen Bedingungen ausgerutscht. Der Fingerbruch wurde damals zu spät erkannt, und ich hätte um ein Haar meine Karriere beenden müssen, weil der Finger beinahe steif geblieben wäre."

Kein Wort verlor Steffi Graf darüber, daß ihre Schlaghand nach einem Sturz schon wieder große Probleme bereitete, daß ihr Masseur Uwe Capellmann im Dauereinsatz war. „Ich bin seit zwei Wochen in London, ich fühle mich wohl, das Flair, die Atmosphäre und die schon vertrauten Gesichter der Mitglieder hier in Wimbledon tun mir gut."

Chairman John Curry und Oberschiedsrichter Alan Mills werden sich als Vertreter des Clubs sicher sehr über dieses Statement gefreut haben. Lob gefällt allen, also auch den Chefs des berühmtesten Tennisturniers der Welt. Aber ihre Sorgen jeden Morgen, der düstere Blick in den noch düstereren Wolkenwirbel, die katastrophalen Wettervorhersagen — kein Wunder, daß die Herren die Witze über „Swimbledon" nur gequält einsteckten. Erst 22 Damen- und 6 Herren-Matches waren über die Bühne gebracht, 131 hätten es nach Plan sein müssen. Alan Mills: „Mir tun vor allem die Spieler wegen der langen Warterei und der vielen Spielunterbrechungen leid. Natürlich auch die frustrierten Zuschauer, die teilweise mehr als zwanzig Jahre auf ein Centre-Court-Ticket gewartet haben und nun wegen des Regens kaum Spiele sehen können."

Natürlich wurde wieder eifrig diskutert: Die 20malige Wimbledon-Siegerin Billie Jean King forderte im Interesse der Zuschauer eine Überdachung des Centre Courts. Ähnliche Gedanken machte sich der deutsche Davis-Cup-Teamchef Niki Pilic (52): „Dies ist das größte Turnier der Welt, es wird sehr viel Geld verdient, da sollten Centre Court und Court Nr.1 schon ein Gleitdach wie in Melbourne bekommen." Wimbledon-Sprecherin Sue Youngman lehnte dies ab. „Die Konstruktion des Centre Courts läßt aus statischen Gründen kein Gleitdach zu. Außerdem wird — im Freien — auf 18 Plätzen gespielt, nicht nur auf dem Centre Court und dem Court Nr. 1."

Die Wetter-Situation änderte sich auch am Mittwoch nicht. Regen, Sturm, ein bißchen Sonnenschein, wieder Regen. Depressive Stimmung. Stefan Edberg, der seit zwei Tagen in den Startlöchern saß, um sein Erstrunden-Match gegen Marc Rosset hinter sich zu bringen, nahm es mit Galgenhumor. „Wird dieses Spiel als das längste Match in die Wimbledon-Geschichte eingehen?" Am Montag hatte er keine Sekunde gespielt, am Dienstag war beim Stande von 6:4, 6:4, 0:1 abgebrochen worden, am Mittwoch ging wieder gar nichts, doch am Donnerstag war nach 32 Minuten und dem 6:4, 6:4, 6:4 endlich Schluß. 72 Stunden und 44 Minuten vom ersten Aufschlag bis zum Matchball, aber nur 1:27 Stunden Spielzeit — ein Wahnsinn.

Andere Superstars wie Boris Becker oder Ivan Lendl hatten zu diesem Zeitpunkt die Courts noch gar nicht betreten, kamen erst am Freitag dran oder absolvierten, wie Andre Agassi und Goran Ivanisevic, ihre Spiele auch in zwei Tages-Etappen.

Bedauernswerte Spieler. Arme Organisationschefs. Von rund 180 geplanten Begegnungen waren Mittwochabend erst 46 beendet. Die Tatsache, daß 1985 zur gleichen Zeit erst 42 er-

Miese Stimmung

Stefan Edberg brauchte für sein erstes Match 72 Stunden und 44 Minuten

Wo immer man hinkam — der Regenschirm war das wichtigste Utensil (Seite 36/37).

Anke Huber (links) ließ sich durch das schlechte Wetter dennoch nicht stören.

folgreiche Matchbälle gezählt worden waren und daß 1982 zehn der vierzehn Tage verregnet waren, erschien manchen als Trost. Auch noch am Donnerstagabend, als von 240 programmierten Spielen erst 52 beendet waren und damit ein neuer, nicht so erfreulicher Wimbledon-Rekord aufgestellt worden (vorher 107 Spiele an den ersten vier Tagen) war. Aufregen wollte man sich dennoch nicht — zumindest nicht öffentlich.

Alan Mills: „Noch gibt es keinen Grund zur Panik, die Wettervorhersage sieht für die zweite Woche doch sehr gut aus. Ob wir den freien Sonntag aufrechterhalten können, entscheiden wir morgen. Wir denken aber intensiv darüber nach, die Spiele im Herren-Doppel von drei auf zwei Gewinnsätze zu reduzieren sowie die Junioren- und Senioren-Wettbewerbe abzusagen." Christopher Gorringe, Chief Exekutive des All England Clubs: „Wir haben noch nie am ersten Sonntag gespielt." Einen Tag später war es dann aber doch soweit. Das Wimbledon-Komitee beschloß eine Fortsetzung der Spiele auch am Sonntag, eine Premiere in 105 Jahren Championships. Christopher Gorringe verkündete die Sensation im britischen Fernsehen BBC: „Die logistischen Probleme sind riesig, aber wir haben es im Interesse der Spieler und im Interesse des Turniers beschlossen. Wir hoffen, daß wir dann nächsten Sonntag wie geplant alles gut über die Bühne gebracht haben werden. Aber ich betone, daß diese Entscheidung nur dieses Jahr gilt."

Die erste Runde wurde am Samstag endlich abgehakt, so lange hatte die Prozedur noch nie gedauert. Die Favoriten, wie Martina Navratilova, Steffi Graf, Gabriela Sabatini, Arantxa Sanchez-Vicario oder bei den Herren Stefan Edberg, Boris Becker und Ivan Lendl hatten auch keine größeren Probleme, die Geheimfavoriten Zina Garrison, Jana Novotna, Anke Huber sowie

der Jugoslawe Goran Ivanisevic (25 Asse gegen den Briten Andrew Castle), Pete Sampras, David Wheaton und Michael Stich ebensowenig. Von den gesetzten Spielern schieden Helena Sukova aus der CSFR gegen Gigi Fernandez, Sandra Cecchini (Italien) gegen Elizabeth Smylie, Andrej Cherkasov aus der UdSSR gegen Richey Reneberg, der Spanier Emilio Sanchez gegen Patrick McEnroe und Michael Chang aus den USA gegen Tim Mayotte aus. Dabei vergab Chang eine 2:0-Satzführung und vier Matchbälle.

Schon nach der ersten Runde stellten die Experten Mutmaßungen über die Sieger an. Davis-Cup-Teamchef Niki Pilic: „Auf Gras braucht man eine natürliche Begabung, wie sie Boris Becker und Stefan Edberg besitzen. Für mich kommen nur die beiden für den Turniersieg in Frage." Der große alte Jimmy Connors (38), mit einer Wildcard dabei, ansonsten TV-Kommentator für den US-Sender NBC: „Klar, Edberg oder Becker." Der ehemalige Becker-Trainer Günter Bosch: „Nach so viel Tagen Regen und Trainingsausfall gewinnt der Mann mit dem meisten Touch und Talent. Das ist Boris Becker, er beherrscht alle Schläge, die für Rasenspiel wichtig sind: Aufschlag, Rückhand-Slice, Return-Blocker. Zum Problem könnte nur seine Kondition werden, er muß ja jetzt praktisch jeden Tag spielen. Edberg hat gleich gute Chancen, Ivan Lendl hat bei allem Ehrgeiz den Nachteil, seine Schläge auf dem unberechenbaren Rasen nicht improvisieren zu können. Das lernt er auch nicht mehr."

Michael Stich kommentierte seine grandiose Vorstellung gegen den Amerikaner Dan Goldie (6:4, 6:1, 6:2): „Das Viertelfinale will ich mindestens schaffen, alles andere wäre eine Enttäuschung für mich." Und US-Open-Gewinner Pete Sampras verstieg sich zu der Behauptung: „Ich kann hier gewinnen." Sage noch einer, die Profis wären maulfaul.

Traditionsbruch

Am ersten, normalerweise freien Sonntag des Turniers holten die Veranstalter auf

Ob es am nassen Rasen lag? Eduardo Masso rutschte gegen Christian Bergström jedenfalls kräftig aus — in jeder Hinsicht…

DAS AUS FÜR DIE JUNGEN WILDEN

Einige der Favoriten rutschten in der zweiten Runde aus

Ehrgeizig sind sie, hungrig auf Erfolg wie junge Wölfe. Jetzt, Wimbledon '91, sahen sie die Zeit gekommen, wo die Träume vom Erfolg nicht mehr Träume bleiben müssen, wo man mit einem Matchball die Sorgen des Lebens weghängen kann wie einen alten Mantel. Und weil respektlose Zeiten „up to date" und vornehme Zurückhaltung nicht mehr gefragt sind, gaben die jungen Kerle auch ganz laut von sich, was sowieso schon vor ihrem geistigen Auge abgelaufen war. Das ganz große Ding nämlich, Sieg in Wimbledon, wenn man schon so direkt gefragt wird.

So ganz abwegig war es ja nicht gewesen mit den geplanten Supercoups. Schließlich hatten diese Ivanisevics und Sampras', und wie sie sonst noch alle heißen, schon einiges geleistet in der jüngeren Vergangenheit. Die Experten waren seit längerem geneigt, ihnen Talent über das Normalmaß hinaus zu bescheinigen. Die großen Vermarktungs-Agenturen hatten den interessierten Sponsoren eindeutig klargemacht, daß mit einem Igel in der Tasche bei diesen Jungs nichts zu machen sei, daß man schon ein bißchen mehr anbieten müsse als bei Mitläufern oder Durchschnittsspielern. Und wie man weiß, waren die Firmen einsichtig. Die jungen Profis können mittlerweile frei von irgendwelchen finanziellen Nöten die gelben Bälle übers Netz spielen.

Nehmen wir Pete Sampras, 20jähriger Amerikaner, Nummer Neun der Weltrangliste, an Nummer acht gesetzt. Der junge Kalifornier mit den griechischen Vorfahren steht seit seinem beeindruckenden Triumph bei den US Open 1990, wo er John McEnroe, Ivan Lendl und im Finale Andre Agassi schlug, unter dem Druck, diesen Erfolg irgendwann bestätigen zu müssen. Der stille Pete Sampras, ehrlicher Rod Laver-Bewunderer mit dem technisch schulmäßigen Tennisspiel, konnte diesem Streß 1991 nun leider nicht standhalten.

„Nach der Finalteilnahme Anfang des Jahres in Philadelphia gelang ihm nicht mehr viel. Es liegt daran, daß ich viel verletzt war, aber eigentlich ein Typ bin, der viel spielen, viel trainieren muß, um in Bestform zu sein. Nachdem das Vorbereitungsturnier für Wimbledon in Manchester so gut für mich lief, dachte ich, hier sogar eine Siegchance zu haben. Um so enttäuschter bin ich jetzt, obwohl Derrick Rostagno sehr gut gespielt hat." Für Pete Sampras, den Mann, der Wimbledon stürmen wollte, kam das Aus in Runde 2.

Nehmen wir Goran Ivanisevic, 20jähriger Jugoslawe, Nummer Zehn der Weltrangliste, an Nummer zehn gesetzt. Der Mann aus Split an der kroatischen Mittelmeer-Küste, einer Region mit sehr viel politischen und militärischen Problemen in diesen Zeiten, gilt als potientielle Nummer Eins. Wenn da nur nicht sein ständig überschäumendes Temperament wäre. Niki Pilic, Wimbledon-Finalist 1973 und Freund der Familie Ivanisevic: „Goran ist ein Riesentalent, er könnte zehnmal Wimbledon gewinnen, aber er ist zu oft verrückt im Kopf." Pilic, wie Ivanisevic aus Split, kennt Goran in- und auswendig, trainierte mit ihm in München, gab Tips und Ratschläge. „Aber was glaubst du",

Enttäuschung

Pete Sampras und Goran Ivanisevic scheiterten zur Überraschung aller schon zu Beginn des Turniers

Weiterhin Freunde: Charly Steeb und Boris Becker nach ihrem deutschen Duell (Seite 42/43).

Goran Ivanisevic (links) hatte dagegen keinen Grund zum Lachen. Er schied trotz vorbildlicher Aufschlaghaltung sensationell in der zweiten Runde aus.

45

so Pilic, „warum Goran erst ein Turnier gewonnen hat und früher bei den Junioren schon mal gesperrt war? Er muß seinen Jähzorn, sein Temperament schnellstens in den Griff bekommen."

Hitzkopf Ivanisevic, der sich schon in seinem ersten Spiel gegen den Briten Andrew Castle fürchterlich über eine Schiedsrichter-Entscheidung aufgeregt und sich wenig später geweigert hatte, auf dem seiner Meinung nach zu nassen Rasen weiterzuspielen, bekam auch auf dem Court 13 gegen Nick Brown seine Nerven nicht in den Griff. Ein Mann, der letztes Jahr im Halbfinale nur knapp an Boris Becker gescheitert war, dabei in den sechs Turnierspielen mehr als 100 Asse geschlagen und jetzt seine britischen Gegner schon vorher mit den Worten gereizt hatte, daß keiner von ihnen drei Sätze gegen ihn gewinnen könnte, brachte sich wieder einmal selbst um den Erfolg. Goran Ivanisevic, in der Woche zuvor noch Finalsieger gegen Sampras in Manchester, hinterher: „Das war das schlechteste Match meiner Karriere, schlimmer geht es nicht mehr. Wahrscheinlich habe ich gar nicht begriffen, daß ich in Wimbledon spiele. Irgendwo war in meinen Gedanken, daß ich bei einer kleinen Veranstaltung bin. Aber so kann man bei einem so großen Turnier wie Wimbledon nicht antreten."

Bob Brett, Australier, Golf-Fan, Disziplin-Fanatiker, erlebte die demoralisierende Pleite mit bleichem Gesicht. Seit seinem Dienstantritt bei Ivanisevic Anfang März versuchte der Coach, Goran zu beruhigen, seinen Kopf zu ordnen, seine Emotionen in die richtige Richtung zu kanalisieren. „Keep cool, Junge, keep cool." Nach dem frühen Ausscheiden in Paris bei den French Open zog Bob Brett mit Goran Ivanisevic in die schweizerischen Alpen nach Davos, führte mit ihm in der klaren Bergluft lange Gespräche, machte ihm deutlich, was für ein Talent, das Nummer Eins werden kann, in den nächsten Jahren wichtig ist. Bob Brett: „Wenn ich sage, wir trainieren heute drei Stunden, wird ein Champion sagen, Trainer, wir trainieren dreieinhalb. Dort mußt du hinkommen."

Der gebürtige Slowene Boris Breskvar, Coach des deutschen Supertalents Anke Huber, glaubt eines der Probleme zu kennen. „Ich habe Bob Brett gefragt, ob er schon jemals bei Goran zu Hause war, in Split. Er hat verneint, ich habe ihm dringend geraten, das zwei bis drei Wochen lang nachzuholen. Die Menschen in Split sind außergewöhnlich emotional veranlagt, man muß sie in ihrem Lebensraum erleben, um sie zu begreifen."

Auch für Goran Ivanisevic, den Mann, der Wimbledon stürmen wollte, kam das Aus in Runde 2. Boris Becker (23) kennt die Probleme der potentiellen Siegertypen in Wimbledon ganz genau. 1987 war es der Australier Peter Doohan, der ihn in der zweiten Runde aus dem Rennen warf. „Die Niederlagen von Ivanisevic und Sampras kann ich mir im Moment nicht erklären. Aber grundsätzlich ist es so, daß die Favoriten nicht von Turnierbeginn an mit hundertprozentigem Einsatz spielen können, wenn man die zweite Woche topfit und in Bestform sein will.

Darin liegt die Gefahr: Einerseits muß man Reserven für die wichtigen Spiele behalten, andererseits ist es nicht einfach, diese Jungs, die nichts zu verlieren haben und alles gegen die vermeintlichen Favoriten hineinlegen, unter Kontrolle zu halten. Aber dazu braucht man auch viel Erfahrung, man muß sich selbst und seine Möglichkeiten sehr genau einschätzen können. Da fehlt es eben bei Ivanisevic und bei Sampras noch ein wenig."

Camping-Fan Derrick Rostagno ließ Pete Sampras stolpern, und Motorrad-Fan Nick Brown, nur Nummer 591 der Weltrangliste, ließ Ivanisevic scheitern. Favoritenstürze werden immer wieder vorkommen. Gott sei Dank!

Taktik ist gefragt

Als Hitzkopf hat man in Wimbledon kaum eine Chance, Coolness wird gebraucht

Der Schwede Peter Lundgren machte es Boris Becker mit seinen plazierten Schlägen nicht leicht (Seite 46/47).

Wimbledon live: Auch an den Nebenplätzen drängen sich die Zuschauer (links).

49

nach einem langen Ballwechsel: „Es ist Senioren-Tennis, ich weiß, aber es ist okay." Zum Publikum nach dem Rostagno-Match: „Ich habe dieses Jahr nur dazu benutzt, mich für nächstes Jahr in Form zu bringen." Zur Presse: „Es hat mir wieder Spaß gemacht, aber jetzt laßt mich gehen, ich muß zur Arbeit, Fernsehen machen."

Spaß machen, Spaß haben, hin und wieder ein Sieg, mein Gott, was ist aus dem „Jimbo" geworden. Ehefrau Patti freute sich in der Ehrenloge, Sohn Brett (11) holte seinen Daddy am Platz ab, trug dessen Arbeitszeug in die Kabine. Eine Familien-Idylle mitten in Wimbledon.

Dann rechnete Jimmy Connors mit der jüngeren Generation ab: „Wohin sind die Charaktere entschwunden? Wo sind Typen wie Ilie Nastase, Vitas Gerulaitis oder Pancho Gonzales, die mit Leidenschaft spielten, bei denen die Fans Gefühle entwickelten, als ständen sie selbst auf dem Platz? Boris Becker hat diesen Charakterzug in sich, es gab eine Zeit, da zeigte er den Leuten seinen Spaß, sie konnten daran teilhaben. Aber er hat diese Leidenschaft ein bißchen verloren. Überhaupt ist Tennis kaum noch Sport, nur noch Geschäft, jeder Spieler sucht ständig seinen Vorteil. Anstatt daran zu denken, wie sie ihr Spiel auf höchstes Niveau heben können, denken die Kerle nur noch ans Geld."

Na bravo. Gut gesprochen. John Patrick McEnroe, seinem alten Compagnero, schickte Jimmy ein paar Streicheleinheiten 'rüber: „Das ist noch einer der wenigen Charaktere, immer für eine Überraschung gut." Visionen gehabt, Jimmy? Sein alter Kumpel John McEnroe bot ein sehenswertes „Big-Mac-Revival" in Kurzform. Da war der alte Touch im linken Arm, da zelebrierte ein Künstler Tennis, das die jungen Hüpfer Jaime Oncins (21), Sandon Stolle (21) und Jean-Philippe Fleurian (25) (6:2, 7:6, 6:1) beeindruckte.

Sehenswert

Der dreifache Wimbledon-Sieger John McEnroe zog mit einer brillanten Leistung in das Achtelfinale ein

In der ersten Woche häufigster „Programmpunkt" in Wimbledon: der Ab- und Aufbau des Netzes.

Die beste deutsche Nachwuchsspielerin, Anke Huber, benötigte drei Sätze gegen die Niederländerin Manon Bollegraf — 6:3, 6:7, 6:0. Anke Huber: „Ich bin dennoch ganz zufrieden mit meiner Form. Meine Nervenentzündung an der linken Schulter ist endlich weg, ich kann ungehemmt aufspielen." Ihr Trainer Boris Breskvar: „Es hat sich ausgezahlt, daß wir trotz des Regens in der ersten Woche jeden Tag nach Wentworth im Süden Londons hinausgefahren sind. Johnny, der Platzwart dort, ist ein Fan von Anke. ‚Seine' Mitglieder durften nicht spielen, aber wir. Und wenn es ganz arg geregnet hat, sind wir in die Vanderbuilt-Halle gefahren, wo Lady Diana Tennis spielt. Wir waren auch dort gern gesehen."

Das kleine badische Städtchen Leimen, das Boris Becker 1985 durch seinen ersten Wimbledon-Triumph weltweit bekannt gemacht hat, legt demnächst für seine Tennis-Asse Boris Bekker und Anke Huber zwei Rasenplätze an. Boris Breskvar: „Die darf der Johnny bauen."

Auch Wimbledon bietet seinen Stars etwas an. Peter Jackson, als Chairman im Medien-Ausschuß des Clubs tätig: „Wenn die Spieler eine Woche mehr brauchen, um sich nach den French Open noch optimaler auf Wimbledon vorzubereiten, können wir Wimbledon ab 1993 um eine Woche verschieben." Boris Becker zeigte sich von der Idee angetan: „Ich bin dafür."

Kein Wunder, daß Stars wie der deutsche Favorit sich zustimmend zu diesem Vorschlag äußern. Denn schon lange fordern Experten, daß diese Pausen zwischen dem bedeutendsten Sandplatz- und dem — von der Tradition her — noch bedeutenderen Rasen-Turnier in Wimbledon größer sein sollten. Zu viele Spieler hatten in der Vergangenheit Probleme mit der Umstellung. Nun dürfen sie mit Recht hoffen, daß sie es in Zukunft leichter haben werden.

Huber zufrieden

Die 16jährige erreichte erstmals in Wimbledon das Achtelfinale

John McEnroe in gewohnter Haltung. Nach wie vor gilt er als „Enfant terrible"…

LA-OLA-WELLE AM HEILIGEN SONNTAG

Fans schufen eine Atmosphäre wie auf dem Fußballplatz

Der Verkauf von Regenschirmen floriert in diesen Tagen. Irgendeiner profitiert eben immer von dem Leid anderer. Während die Organisatoren überlegen, wie sie Herr über die Naturgewalten werden und das Turnier doch noch rechtzeitig beenden können, steht eine ganze Armada von Regenschirmverkäufern tagaus, tagein an der U-Bahn-Station in Southfields und bringt ihre Ware an den Mann.

Doch nicht nur sie haben Hochkonjunktur. Ein Stand nach dem anderen zieht sich die Church Road entlang: Von Würstchen bis T-Shirts, vom Kugelschreiber bis zum Programmheft — alles wird verhökert, was auch nur im entferntesten mit dem Turnier in Wimbledon zu tun hat. Ein Dorf ist für das bedeutendste Tennis-Ereignis der Welt gerüstet.

Samstag, 29. Juni, 8.30 Uhr britischer Zeit: Bereits früh am Morgen strömen die Fans in Massen aus dem U-Bahn-Schacht. Überall bieten Taxifahrer ihre Dienste an. Ein Pfund kostet die etwa einen Kilometer lange Fahrt im Sammeltaxi. Wer es nicht eilig hat, geht zu Fuß — genau wie derjenige, dessen Füße den Dienst trotz der Anstrengung noch nicht versagen.

Die Karawane zieht ihres Wegs, vorbei an Schwarzmarkthändlern, die die Preise der ohnehin nicht billigen Karten noch ins Unermeßliche steigern. Ziel ist das Tennis-Mekka — Wimbledon. Links liegen die typisch englischen Reihenhäuser, rechts blicken finster die grauen Neubauten dem Strom nach, der sich voranschlängelt. Hier und da weisen Schilder Hundebesitzer an, die

„Geschäftigkeit" ihre Lieblinge einzustellen. Denn schließlich wird hier oft gewartet — nicht selten stundenlang.

Englische Bobbys, die Helme majestätisch in die Stirn gezogen, wachen hoch zu Roß über die geduldige, jedoch nervöse Schar derer, die bereits ein Tikket haben oder die Hoffnung noch nicht aufgegeben haben, noch eines zu erhalten — und sei es auf dem Schwarzmarkt.

Langsam geht es weiter. Genugtuung verschafft der Blick auf den Straßenverkehr. Er ist seit langem zusammengebrochen. Nur schleppend, fast im Gleichschritt mit den Fußgängern, bewegen sich Taxen und Busse vorwärts.

Der Golfplatz gegenüber der Tennisanlage hat den Spielbetrieb für diese zwei Wochen eingestellt und seine Fairways der Blechkarawane als Parkplatz zur Verfügung gestellt. Die Autos haben durch den permanenten Regen tiefe Furchen in den Platz gefahren. Das frische Grün ist schlammigem Braun gewichen. Doch in dieser Zeit hat niemand einen Blick dafür übrig. Die Veranstalter haben andere Sorgen, sie überlegen, wie sie ihren Spielplan über die Runden bringen können, und die Tennis-Pilger warten darauf, daß sich ihnen endlich die Pforten öffnen.

Nachmittags kommen Schulkinder in ihren rot-grauen Uniformen an der wartenden Meute vorbei, werfen sehnsüchtige Blicke auf die Kartenbesitzer und versuchen durch die Tore zu spähen, um vielleicht einmal einen der Spieler zu sehen, die sie sonst nur aus dem Fernsehen kennen. Doch auch die traurigen Kinderaugen erweichen ein Ordner-Herz nicht.

Hochkonjunktur

Ein Stand nach dem anderen zieht sich die Church Road entlang. Alles wird verhökert

Der Ball auf dem Präsentierteller: Jennifer Capriati selbst (Seite 62/63) präsentierte sich in den ersten drei Runden in hervorragender Form.

Andre Agassi (links), wie man ihn kennt: Fast scheint er zu fliegen…

Einen Tag später: Die Organisatoren müssen einsehen, daß die Natur auch auf die Traditionen von Wimbledon keine Rücksicht nimmt. Erstmals in der 114jährigen Geschichte dieses Turniers entschließt man sich, doch am mittleren Sonntag zu spielen. Bereits am Vorabend rät das Komitee den Zuschauern, zu Hause zu bleiben, falls sie nicht lange warten wollen. Und die Anwohner bittet man um Verständnis für das zu erwartende Chaos.

Doch die Zuschauer sind ob solcher Warnungen nicht abzuhalten. Schließlich haben die meisten von ihnen schon ganz andere Mühen auf sich genommen, um einmal das besondere Flair zu erleben, sich von der Nostalgie, der Tradition, dem grünen Rasen und der Atmosphäre auf dem Centre Court berauschen zu lassen.

Zudem sind die Preise so günstig wie nie. Fünf Pfund kostet ein Ticket für die Nebenplätze, zehn Pfund zahlt man für Centre Court und Court Number One.

Was dann auf dem Centre Court, dem achteckigen Mittelpunkt dieses Tennis-Mekkas, geschieht, werden wohl Spieler und Zuschauer nie vergessen. Glücklich, durch langes Warten endlich belohnt worden zu sein, schaffen sie eine Atmosphäre, die auch für Wimbledon neu ist.

Die Spieler haben den Rasen noch nicht betreten, da bringen sich die gut 11000 Fans schon in Stimmung für das, was da kommen soll. Rhythmisches Klatschen, Schlachtrufe, wie man sie nur vom Fußball kennt, Gesänge. Vor dem pompösen Gebäude verfolgen neidvoll und belustigt jene das Spektakel, die keine Karten für den Centre Court bekommen haben.

Als Gabriela Sabatini den Sonntag auf dem Centre Court eröffnet, herrscht eine Stimmung wie bei einem Popkonzert. Unter hundert Gesichtern findet sich kaum eines, das älter zu sein scheint als 25 Jahre. Schon zuvor haben die Fans die La-Ola-Welle immer und

immer wieder ausgiebig zelebriert. Beim Einschlagen der beiden Spielerinnen zählen die meist jugendlichen Zuschauer sogar laut mit. Beide Spielerinnen müssen darüber lachen, so daß eine Fröhlichkeit und Ausgelassenheit entsteht, wie sie im Sport von heute leider nur noch selten anzutreffen sind.

Und sie feuern die Stars genauso lebhaft an wie die Außenseiter, die sogar etwas mehr. Beispielsweise den farbigen Amerikaner Malivai Washington und vor allem natürlich ihren Landsmann Nick Brown, der nach seinem sensationellen Sieg gegen Goran Ivanisevic ausgerechnet an diesem so einzigartigen Sonntag gegen den Franzosen Thierry Champion ausscheidet. So mischt sich für einige Momente auch Trauer in diesen für die Fans so glücklichen Sonntag.

Ganz und gar aus dem Lot geraten die Emotionen, als Jimmy Connors und sein Gegner Derrick Rostagno den Centre Court betreten. Sogar Jimmy Connors, der Wimbledon-Veteran, der hier schon 1974 und 1982 gewonnen und dreimal erst im Finale verloren hat, zeigt sich überrascht. Er hat schon viel erlebt, aber das noch nicht. Fünf Minuten stehen die Fans auf ihren Sitzen und huldigem ihrem Helden. Endlos scheint der Jubel. Und würde Connors selbst sie nicht durch eine majestätische Handbewegung zur Ruhe zwingen, sie stünden noch heute da.

Connors verliert in drei Sätzen, doch er wird verabschiedet, als hätte er soeben das Turnier gewonnen. Ein denkwürdiger Tag geht zu Ende. Ein Tag, an dem die Veranstalter über ihren traditionellen Schatten gesprungen sind.

Und jeder weiß, wie schwer das einem Briten fallen muß. Es wird ihnen sicher nicht leichtgefallen sein. Doch sie wurden fürstlich belohnt von einem Publikum, das fair und fröhlich großen Sport genießen wollte und ein denkwürdiges Turnier um ein denkwürdiges Ereignis reicher gemacht hat.

Denkwürdiger Tag

Die jugendlichen Fans sorgen für eine Stimmung wie bei einem Popkonzert

Stimmung wie beim Fußball herrschte am sonst spielfreien, als „heilig" empfundenen Sonntag (Seite 66/67).

Brenda Schultz (links) konnte sich nur über den ersten Satz freuen, dann erwies sich Jennifer Capriati als zu stark.

FAVORITINNEN ERTEILTEN LEKTION

Achtelfinale Damen: Die Überraschungen blieben aus

Sei es in Wimbledon oder sonst irgendwo auf dieser Welt: an einige Dinge gewöhnt man sich, an andere nie. Man zwingt sich dennoch, weil man glaubt, es zu müssen. Auch die Argentinierin Gabriela Sabatini glaubt zu müssen. Was das schillernde Wort „Professional" bedeuten soll, hat man Gabriela vermittelt.

Physiologen, Psychologen, Sportmediziner, Biochemiker und weiß Gott was für wichtige Leute haben Milliarden Stunden daran geforscht, um wissenschaftlich beweisbar herauszufinden, was zum Beispiel ein Tennis-Profi machen muß, um in jeder Hinsicht ein Musterprofi zu sein. Einer dieser Punkte fordert, pünktlich um 7 Uhr aufzustehen und um 8 Uhr zu frühstücken, wenn ab 11 Uhr sportliche Höchstleistung angesagt ist.

Bei Gabriela Sabatini sah das in Wimbledon vor dem Achtelfinalspiel gegen die Französin Nathalie Tauziat so aus: Morgens um 8 Uhr schlurfte die Weltranglisten-Dritte in einem Tempo, bei dem eine Super-Zeitlupenmaschine der BBC völlig überflüssig gewesen wäre, in den Frühstücksraum des Spielerhotels „The Gloucester".

Traumwandlerisch fand die junge Dame mit dem braunen Teint einen Fünfertisch: Automatischer Griff zum Müsli, automatischer Griff zum Löffel, Mund auf und zu, auch automatisch. Fünf Minuten später erschien Vater Osvaldo, Gabriela hielt die linke Wange zum Küßchen hin, dann die rechte, dann die gleiche Prozedur für den Freund von Osvaldo, drei Minuten später auch für Trainer Carlos Kirmayr.

Keine Frage, 11 Uhr ist keine Zeit für einen südamerikanischen Nachtmenschen wie Gabriela Sabatini. Und wenn an diesem Tag eine andere Gegnerin als die brave 23jährige Nathalie Tauziat auf dem Centre Court gestanden hätte, wer weiß? 2:5 lag die schöne Gabriela schon im ersten Satz zurück...

Vor genau einem Jahr hatte sie den Trainer Angel Jimenez gegen Carlos Kirmayr gewechselt und sich seitdem von einer geistig und körperlich unaustrainierten Grundlinienspielerin zu einer aggressiven Allroundspielerin mit Siegeswillen entwickelt. „Carlos hat meine Talente aufgeweckt, mir mentale Stärke und Selbstvertrauen gegeben, und nach dem Gewinn der US Open im letzten Jahr sind alle Barrieren beseitigt", sagt Gabriela Sabatini über ihren Coach, der vorher nie mit Damen-Tennis zu tun hatte.

Aber in diesem Achtelfinalmatch half ihr nicht der Carlos, sondern Nathalie Tauziat, die ihre Chancen gar nicht erkannte. Gabriela Sabatini: „Ich war zunächst gar nicht richtig auf dem Platz, habe schlecht aufgeschlagen, keine Strategie gehabt. Erst als ich versucht habe, Nathalie mehr laufen zu lassen, klappte es besser. Insgesamt kann ich viel mehr, und ich bin guter Dinge, was Wimbledon '91 angeht. Ich kann hier gewinnen."

Martina Navratilova, die beim 6:1, 6:3 gegen die Schwedin Catarina Lindqvist zum 112. Wimbledon-Match angetreten war und damit den Rekord von Chris Evert (111) verbesserte, Steffi Graf (6:2, 6:1 gegen Amy Frazier und Arantxa Sanchez-Vicario (7:5, 3:6,

Arbeit verrichten, im entscheidenden dritten Satz hatte die Weltranglisten-Neunte aus Houston das deutsche Jungtalent Anke Huber zermürbt — 4:6, 6:3, 6:0. Ihr Coach Boris Breskvar meinte hinterher: „Da besaß Anke keine Kraft mehr, vor allem mental nicht. Aber insgesamt hat sie ihr Soll durchaus erfüllt, Rasentennis lernt man nicht so schnell."

Und der deutsche Federation-Cup-Trainer Klaus Hofsäß erklärte fachmännisch: „Auf Gras muß man den Ball gerade spielen, keinen Topspin. Das ist bei Anke im Laufe des Turniers besser geworden, und ich bin sicher, sie wird es irgendwann packen. Anke hat ja noch viel Zeit."

Das gleiche läßt sich über Jennifer Capriati sagen. Die 15jährige Amerikanerin zog als jüngste Spielerin in der Geschichte Wimbledons ins Viertelfinale ein, gewann 3:6, 6:1, 6:1 gegen die Niederländerin und ehemalige Junioren-Siegerin in Wimbledon, Brenda Schultz. Capriati: „Brenda setzte mich zu Beginn mit ihrem starken ersten Service gewaltig unter Druck. Erst als ich ihren zweiten Aufschlag attackiert hatte, wurde sie vorsichtiger, und ich kam besser ins Spiel."

Nun war klar, daß Jennifer Capriati und Martina Navratilova im Viertelfinale aufeinanderstoßen würden. Zweifellos eine besondere Paarung, denn als Martina Navratilova 1973 zum ersten Mal in Wimbledon spielte, lebte Jennifer Capriati noch gar nicht. Als die gebürtige Tschechoslowakin 1978 zum ersten Mal in Wimbledon gewann, stürmte Klein-Jenny noch in Windeln durch die Wohnung ihrer Eltern, Stefano und Denise Capriati.

Bekanntermaßen gab es ja schon einige Beispiele, daß Väter und Mütter in Wimbledon erfolgreich waren und später deren Kinder den Centre Court als ihre Spielwiese betrachteten. Siehe Fred (Finalist 1963 bis '65) und Sandon Stolle. Siehe Vera Sukova (Finalistin 1962) und Helena (Wimbledon-Doppelsiegerin mit Claudia Kohde-Kilsch 1987) und Sohn Cyril Suk. Es wäre höchstinteressant, mal einen Papa mit seinem Sohn oder eine Mama mit ihrer Tochter ein Match spielen zu sehen. Bei Martina Navratilova und Jennifer Capriati hätte es sein können. Altersmäßig jedenfalls.

Jennifer Capriati machte ihrer nächsten Gegnerin ein Kompliment: „Martina ist die Königin von Wimbledon, sie ist ein Vorbild, aber im Spiel vergesse ich das, da will ich nur gewinnen." Martina Navratilova gab sich optimistisch: „Ich spüre längst nicht mehr diesen Druck wie letztes Jahr, als ich wegen meiner Knieschmerzen nicht wußte, ob ich überhaupt noch jemals spielen könnte. Nach der Operation geht es mir blendend. Ich kann schmerzfrei laufen, in die Knie gehen, bekomme selbst die tiefen Volleys. Was will ich mehr?"

Es war keine übermäßig große Überraschung bei der Gesamtübersicht der Achtelfinalspiele, daß Mary-Joe Fernandez die an Nummer 16 gesetzte Judith Wiesner, eine Österreicherin, die bei den Turnieren rund um den Erdball von ihrem Mann Heinz begleitet wird, aus dem Wettbewerb in Wimbledon warf.

Die aus der Dominikanischen Republik stammende Spielerin hatte im Laufe der letzten Monate große Erfolge aufzuweisen, so daß sie mittlerweile als eine der Etablierten im Kreis der Weltbesten gilt. Diesen Ruf konnte die hübsche Amerikanerin auch im Spiel gegen ihre Kontrahentin aus Österreich unter Beweis stellen.

Dagegen kam der Sieg der in Argentinien aufgewachsenen Peruanerin Laura Gildemeister gegen die an Nummer acht gesetzte 22jährige Bulgarin Katerina Maleeva doch unerwartet. Laura Gildemeister, einzige Ungesetzte im Feld der letzten 16 Spielerinnen: „Ich freue mich riesig!" Zweifellos hatte sie dazu auch allen Grund.

Unerwartet

Überraschend erreichte Laura Gildemeister als einzige Ungesetzte das Viertelfinale

Für Nathalie Tauziat (links) kam im Achtelfinale gegen Gabriela Sabatini das erwartete Aus. Doch ihre Chance zu einem Sieg war groß…

NETZPFOSTEN GAB DEN AUSSCHLAG

Achtelfinale Herren: Stich mit „Fortuna" im Bunde

In den Luftsprung, den Michael Stich nach seinem Achtelfinal-Sieg über den Sowjetrussen Alexander Volkov vollführte, mischte sich neben heller Freude über den Triumph auch Erleichterung. 25 Asse hatte der 22jährige Deutsche geschlagen, 18 Doppelfehler waren seinem Widersacher unterlaufen. Und dennoch mühte sich der zweite Mann des deutschen Davis-Cup-Teams mehr als drei Stunden lang, sich der drohenden Niederlage zu entziehen, bevor er mit 4:6, 6:3, 7:5, 1:6, 7:5 gesiegt hatte.

Stich schien dabei einen Pakt mit der Netzkante geschlossen zu haben, die Boris Becker schon so viele Dienste erwiesen hatte. Volkov, dieser hagere, unberechenbare, stets gleichgültig, fast gelangweilt dreinblickende Linkshänder, führte bei eigenem Aufschlag mit 5:4 und 30:30 im fünften Satz. Zu diesem Zeitpunkt, so bekannte Michael Stich später, hatte er sich bereits mit der Niederlage abgefunden.

Da servierte der Sowjetrusse einen Aufschlag in die Vorhandecke Stichs, der den Deutschen weit aus dem Feld trieb. Mit letzter Kraft kam dieser noch an den Ball. Volkov hatte damit gerechnet, daß er ins Aus fliegen würde. Doch der Ball prallte gegen den Netzpfosten und fiel hinter dem ans Netz gerückten Volkov auf die Linie. Statt Matchball für Volkov hieß es also Breakball für Stich, den dieser auch gleich zum Ausgleich nutzte, um das Match anschließend sogar noch zu gewinnen.

Für ihn, den schlaksigen Elmshorner, um dessen Standfestigkeit man sich ob seiner dünnen Beine stets sorgt, war

es die Bestätigung vorangegangener Erfolge. Bereits bei den French Open in Paris hatte er kurz zuvor das Halbfinale erreicht. Dort war er ausgerechnet gegen seinen nächsten Gegner in Wimbledon, den Amerikaner Jim Courier, in vier Sätzen ausgeschieden.

Der Sieger von Paris, so waren sich die Experten einig, werde in Wimbledon kaum Aufsehen erregen. Der ehemalige Baseballspieler, der auf jeden Ball einschlägt, als wäre es der letzte, schien als Grundlinienspieler nicht gerade prädestiniert, um auf dem schnellen Rasen Wimbledons seine jüngsten Erfolge fortzusetzen. Doch Karel Novacek, der ebenfalls überraschend bis ins Achtelfinale gekommen war, hatte bei seiner 3:6-, 4:6-, 2:6-Niederlage keine Chance. Vor allem Couriers druckvolle Vorhand und der stark verbesserte Aufschlag ließen dem Tschechen keine Zeit, um Luft zu holen. Wie auch sein Landsmann Andre Agassi bereitete Courier die Punkte von der Grundlinie aus vor, um sie dann am Netz zu vollstrecken. So etwas hatte man auf Rasen zuletzt vom fünffachen Seriensieger Björn Borg gesehen.

Andre Agassi, das extravagante Produkt amerikanischer Marketing-Strategie, dieser Alptraum aller Anhänger des „weißen Sports", war ähnlich wie Courier, dem er in Paris noch im Finale unterlegen war, als potentieller Erstrunden-Verlierer gehandelt worden. Doch der Papagallo in Radlerhosen strafte seine Kritiker Lügen. Er besiegte den Holländer Jacco Eltingh mit 6:3, 3:6, 6:3, 6:4 und zog ins Viertelfinale ein.

Sinneswandel

Andre Agassi, der eigentlich nie mehr in Wimbledon spielen wollte, kam, sah und siegte — zumindest vier Runden lang...

Alexander Volkov im Pech: Gegen Michael Stich zog er nach ausgeglichenem Spiel letztlich unglücklich den kürzeren.

Angespornt von seinen unerwarteten Triumphen erklärte er, daß er die Regeln und Traditionen Wimbledons anerkennen und sich ihnen beugen wolle. „Das macht Wimbledon zu etwas Besonderem", verkündete Agassi. Nach seiner Erstrunden-Niederlage gegen den Franzosen Henri Leconte 1987 bei seinem bisher einzigen Auftritt hatte er geschworen, nie wieder an diesen Ort zurückzukehren. Doch ob Werbegag oder ehrlicher Sinneswandel: Agassi hatte die Zuschauer von Beginn an auf seiner Seite.

Der dritte Amerikaner, der sich für das Viertelfinale qualifizierte, war David Wheaton. Der Rasenspezialist, der in der dritten Runde Ivan Lendl bezwungen hatte, schlug den schwedischen Grundlinienspieler Jan Gunnarsson glatt in drei Sätzen mit 6:4, 6:3 und 6:1. Im Vorjahr war Wheaton durch sein Duell mit seinem Landsmann Brad Gilbert im Halbfinale des Grand-Slam-Cups zu trauriger Berühmtheit gelangt. Den Sinn des Wortes „Kampf" mißdeutend, waren die beiden bei einer strittigen Schiedsrichter-Entscheidung nur mit Mühe davon abzuhalten gewesen, mit Fäusten aufeinander loszugehen.

In Wimbledon fiel er jedoch durch gutes Tennis auf. Schon in Queens, dem traditionellen Vorbereitungs-Turnier, hatte er das Finale erreicht, wo er sich erst dem Schweden Stefan Edberg geschlagen geben mußte.

Während die Zeiten Wheatons erst zu beginnen scheinen, mußte ein anderer verdienter Spieler erkennen, daß seine bald vorbei sein würden. John McEnroe, der hier dreimal gewinnen konnte, verlor mit 6:7, 1:6 und 4:6 gegen Titelverteidiger Stefan Edberg. Der Schwede mußte bisher im ganzen Turnier erst zwei Breaks hinnehmen. Eines davon gegen McEnroe im dritten Satz zum 0:2. Doch ihm gelangen sofort das Rebreak und anschließend der Matchgewinn.

Zwei Franzosen

Mit Guy Forget und überraschenderweise auch Thierry Champion erreichten unerwartet zwei Franzosen das Viertelfinale

Eine typische Haltung von Michael Stich (Seite 84/85). Der Elmshorner ist vielleicht der beste Stilist in der Weltklasse.

Karel Novacek (Seite 86/87) bei einer für ihn ungewöhnlichen Netzattacke. Doch sie half ihm nicht.

Bullig und kraftstrotzend: Jim Courier (Seite 88/89). Zur Überraschung der Experten zog er in das Viertelfinale ein.

Thierry Champion mit „Ausfallschritt" (Seite 90/91). Gegen Derrick Rostagno mußte er lange kämpfen, bis sein Sieg feststand.

„Abwehrbereit" zeigte sich Christian Bergström (links) bei der Niederlage gegen Boris Becker.

Während die Amerikaner in gewohnter Manier auftrumpften, kamen die Franzosen zu ihrem größten Triumph seit 1946, als Yvon Petra das Turnier gewonnen hatte. Mit Guy Forget und Thierry Champion erreichten gleich zwei der einstigen Tennis-Großmacht Frankreich das Viertelfinale. So sehr sie sich menschlich gleichen, so unterschiedlich ist ihr Verhalten auf dem Platz.

Forget, ein offensiver Linkshänder, der das Serve-and-Volley-Spiel bevorzugt, besiegte den Amerikaner Tim Mayotte. Der hatte zuvor den an Nummer Neun gesetzten Michael Chang geschlagen. Inzwischen war Mayotte zwar auf Platz 37 der Weltrangliste abgefallen, doch galt er schon immer als Rasenspezialist. 1982 hatte er bereits das Halbfinale erreicht, danach war ihm noch fünf weitere Male der Einzug in die Runde der letzten acht gelungen.

Guy Forget, der lange als zu ruhig galt und lediglich als Doppelpartner geschätzt wurde, war erst zu Beginn dieses Jahres in die Weltelite im Herren-Einzel aufgestiegen. Die Angst, sich eigenverantwortlich im Tennis-Zirkus durchzusetzen, hatte den scheuen und introvertierten Franzosen lange Zeit gehemmt.

Der Durchbruch gelang ihm, als er nach seinem Sieg beim Turnier in Sidney erstmals unter die Top ten der Weltrangliste kam. Bei den Australian Open in Melbourne erreichte er anschließend zum ersten Mal in seiner Karriere das Viertelfinale eines Grand-Slam-Turniers. Doch dann folgte der Einbruch: eine Serie von Erstrunden-Niederlagen und das schlechte Abschneiden bei den French Open. Vielleicht hatte er zuviel gespielt, so daß der Körper den Strapazen nicht mehr standhalten konnte. Mit seinem 6:7-, 7:5-, 6:2-, 6:4-Sieg über Mayotte bewies Forget aber, daß die Siegesserie zum Jahresbeginn kein Zufallserfolg war.

Thierry Champion, ebenso scheu und unauffällig wie Forget, hatte man einen derartigen Erfolg wohl am wenigsten zugetraut. In Paris stand er erstmals in einem Viertelfinale eines der vier bedeutendsten Turniere der Welt. Doch da spielte man auf langsamer Asche. Ein Belag, der dem Grundlinienspieler mehr entgegenkommt als der schnelle Boden Wimbledons.

Der Sieg über Pat Cash schien dem 24jährigen jedoch Auftrieb gegeben zu haben. Der stets unzufrieden dreinblickende Franzose besiegte Derrick Rostagno, der in der Runde zuvor zum Entsetzen der Briten die Legende Jimmy Connors bezwungen hatte. Rostagno, der vagabundierende Amerikaner, der hin und wieder im Wohnmobil von Turnier zu Turnier reist, fand nur selten ein Mittel, um Champion unter Druck zu setzen, und verlor am Ende in fünf Sätzen mit 7:6, 2:6, 1:6, 6:3 und 3:6.

Blieb Boris Becker. Er hatte dieses Turnier schon früher zu „seinem" erklärt, tat sich aber beim 6:4, 6:7, 6:1, 7:6 über den Schweden Bergström unerwartet schwer. Der Grund: der Deutsche hatte von den Gesetzten am meisten unter den Regenpausen der vergangenen Wochen zu leiden.

Stets mußte er als letzter der vier Topgesetzten auf den Platz. Daher fand er bisher nie zu seinem Rhythmus. Zeitweise sah es so aus, als sollte er auf dem Number-One-Court, dem Hinterhof des Henkers, wie dieser Platz wegen seiner Nähe zum lärmenden Centre Court genannt wird, ein vorzeitiges Ende finden. Doch am Ende ging auch Boris Becker unter dem Applaus der Zuschauer mit geballter Faust vom Platz.

Unter ihnen war auch die Herzogin von Kent. Dreimal bereits hatte Becker den Pokal aus ihren Händen empfangen. Die einen wollten das als gutes Omen sehen. Die anderen zweifelten ob der großen Probleme in den ersten Runden an Boris Beckers Siegchancen. Doch wie sagte Edberg einst: „Je länger Becker im Turnier ist, desto gefährlicher wird er."

Schwierigkeiten

Viel schwerer als erwartet hatte es Boris Becker in seinem Match gegen Christian Bergström

Trotz enormen Einsatzes: Für Derrick Rostagno (links) kam nach fünf Sätzen das Aus.

95

GUY FORGETS VERPASSTE CHANCE

Viertelfinale Herren: Edberg, Stich, Becker, Wheaton

Es gibt wunderbare Wortspiele. Die liegen so schön abrufbereit im Hinterstübchen, man wartet nur auf die passende Gelegenheit. Nicht nur die englischen Journalisten rochen vor dem Viertelfinal-Match zwischen Boris Becker und Guy Forget den Braten. Der Name Forget wird zwar „Forschee" ausgesprochen, in Frankreich absolvieren diese Übung sowieso alle richtig, in Deutschland auf jeden Fall die Francophilen und im britischen Königreich zumindest die Tennis-Fans. Aber wenn's schon mal bei der englischen Übersetzung dieses Namens so schön paßt, wird die fette Schlagzeile „Forget Boris" oder „Forget Bummbumm" oder ähnliches Wortgeklingel sozusagen vorgefertigt. Vergessen hätte man den Boris Becker also sollen, im Falle einer Niederlage des deutschen Wimbledon-Favoriten gegen „Forschee", selbstverständlich.

Wir nehmen nichts vorweg, wenn wir sagen, daß diese Schlagzeilen nach dem Match nicht gedruckt werden konnten. Die Franzosen werden es sicherlich bedauert haben. Andererseits klang „Forget Forget... vergessen Sie Forschee" auch nicht schlecht, in deutschen Ohren jedenfalls oder in denen von Boris-Becker-Fans. Fast vier Stunden hatten sich Becker und Forget in der brütenden Hitze von Court Number One duelliert, und das Finale in diesem hochklassigen Vier-Akter nahm für den an Nummer sieben gesetzten Franzosen schon tragische Formen an.

6:3 führte der in Casablanca geborene Forget im Tiebreak des vierten Satzes, drei Möglichkeiten zum Satzausgleich also. Zwei wehrte der aufschlagende Becker mit seinem Serve-and-volley-Spiel ab, beim dritten Satzball kam Forget zu spät zum Rückhand-Volley, der gelbe Filz rauschte ins Netz. Auch den vierten Satzball wehrte Becker ab, erkämpfte sich dann beim Stand von 8:7 den ersten Matchball. Und Guy Forget, der vorher 24 Asse und 39 Aufschlagpunkte auf seinem Konto gutgeschrieben hatte (Becker 16 und 48), fabrizierte seinen zehnten Doppelfehler. 6:7, 7:6, 6:2, 7:6 für Boris Becker also, der Australian-Open-Gewinner und French-Open-Halbfinalist hatte sich zum vierten Mal in Folge ins Halbfinale von Wimbledon gespielt.

Ob Becker einen fünften Satz noch hätte gewinnen können, ist zu bezweifeln. Zuviel Kraft hatte er schon in den vorangegangenen Runden verloren. Forget wirkte am Ende des vierten Satzes noch wesentlich frischer als der dreimalige Wimbledonsieger. „Ich hatte gegen Forget zum erstenmal das Gefühl, wirklich in Wimbledon zu sein", sagte Boris Becker. „Wenn man schon lange dabei ist, verlieren die Erst-Runden-Begegnungen an Bedeutung", fügte er hinzu.

Guy Forget (26), der mit seiner tennisbegeisterten Ehefrau Isabelle einen Sohn, Mathieu, hat: „Es ist nicht leicht zu verkraften, ein Vierstunden-Match auf Rasen durch zwei schlecht gespielte Punkte zu verlieren. Beim Rückhand-Volley war ich einen Moment zu spät am Ball, der Doppelfehler war ein technischer Fehler. Ich mußte in die Sonne blinzeln, es kam zuviel Spin in den Schlag, Ende. Ich habe aber gegen einen

Wortspiele

„Forget Forget", titelte Englands Boulevardpresse nach Beckers Sieg über den Franzosen

Stefan Edberg ballte nach seinem Sieg gegen John McEnroe die Faust. Zu diesem Zeitpunkt wußte er noch nicht, daß er das Hemd, das er bei diesem Match trug, nicht mehr würde anziehen dürfen — zu viel Farbe auf dem Rücken…

der besten Spieler des Circuits verloren, beim nächsten Mal mache ich es hoffentlich besser."

Boris Becker, durch die intensive Sonne und die Anstrengungen mittelschwer errötet: „Als ich meine erste Chance bekam, habe ich gewonnen. Guy konnte vier Satzbälle vorher nicht nutzen, das war heute der Unterschied zwischen uns. Er hat noch nie so gut gegen mich gespielt, servierte zweieinhalb Stunden wie ein Weltmeister, ich durfte in dieser Zeit nur die Seiten wechseln: As, hinüber auf die andere Seite, As, wieder hinüber in die andere Ecke. So ging das die ganze Zeit, ich besaß keine Chance, ihn zu breaken."

Zwei Stunden, fünfzehn Minuten dauerte es, bis Boris Becker sich den ersten Breakball erkämpft hatte. Eine unglaubliche Zeitspanne, kein Wunder, daß dies selbst einem erfahrenen und return-starken Profi wie Becker auf die Nerven ging. „Der verschlägt keinen Ball, seit zwei Stunden nicht, Wahnsinn", jammerte der Weltranglisten-Zweite beim Stand von 6:7, 5:4, als Forget mit zwei schwierigen Volleys ohne Probleme punkten konnte. „Wenn Guy einen seiner fünf Breakbälle im zweiten Satz hätte verwandeln können, wäre es schwierig für mich geworden. So ging es nach dem Gewinn des Tiebreaks besser für mich, der Sturz im vierten Durchgang brachte mich wieder etwas aus dem Rhythmus, aber Guy konnte dann zum Schluß dem Druck nicht mehr standhalten."

Boris Becker schlich nach der obligatorischen Pressekonferenz und den Fernseh-Interviews die paar Meter zu Fuß in die gemietete Villa. Schwere Schritte, wie ein älterer Herr. „Da hat der Masseur bis morgen ziemlich viel Arbeit: Massieren, Badewanne, wieder massieren, wieder Badewanne. Vier Stunden Tennis in der Hitze strengen doch sehr an, dazu kommt ja, daß ich in der zweiten Turnierwoche fast täglich spielen mußte. Die Ansetzungen für die untere Hälfte der Auslosung waren unmöglich, ständig waren Andre Agassi und ich erst im dritten oder vierten Match angesetzt. Das war mehr als ärgerlich. Stefan Edberg durfte immer als erster auf den Platz."

Boris, bisher Wimbledon-Superstar und absoluter Hauptdarsteller, plötzlich nur noch auf dem Nebengleis? „Agassi ist unser Prime-time-boy", meinten die Fernsehleute ganz offen, Agassi also als Zugpferd für die besten Sendezeiten. Und Veranstalter richten sich in der Regel zuallererst nach den Wünschen der TV-Macher.

Die Londoner Zeitungen, auch immer nahe dran an den Empfindungen der Fans, hatten sich ebenfalls Andre Agassi als neues Idol ausgeguckt. Andre hier, Andre da, haufenweise Fotos mit und ohne Freundin Wendy Stewart, die weiße Kleidung, die Sonnenbrille — Megastar Agassi. Vier Jahre lang hatte der Mann aus Las Vegas Wimbledon verachtend den Rücken gezeigt, 1991 tauchte er auf und wurde gleich zum Liebling von London. „Wimbledon ist wirklich faszinierender als alles andere auf der Welt, es ist ein einzigartiges Gefühl, auf dem Centre Court zu stehen", betonte Andre Agassi zehn Tage lang. Die Fans zitterten mit in seinen Spielen. Und als er im Viertelfinale gegen seinen Landsmann David Wheaton nach dem 2:6, 6:0, 6:3, 6:7, 2:6 geschlagen den Centre Court verließ, verdrückten die meisten Zuschauer eine Träne. Agassis Fazit: „Ich habe mich in Wimbledon verliebt, Wimbledon '92 ist schon in meinem Kalender vermerkt."

„Ich wußte, daß Andre Agassi hier eine starke Rolle spielen würde", sinnierte Boris Becker, „er ist zwar kein typischer Rasenspieler wie Stefan oder ich, aber durch seine Beweglichkeit, seinen starken Aufschlag und die unglaublich harten Grundschläge kann er jeden Gegner unter Druck setzen." Und auch gegen David Wheaton, der schon vorher die Träume von Ivan Lendl ein wei-

Prime-time-boy

Tennis-Punker Andre Agassi avancierte zum Publikumsliebling

Thierry Champion zählte zu den Überraschungen, doch im Viertelfinale war die Hürde Edberg zu hoch für ihn.

teres Mal zerstört hatte, besaß Andre Agassi eine Siegchance.

4:2 und 0:40 bei Aufschlag Wheaton lag er im vierten Satz schon vorn, schaffte nach der Aufholjagd des ungesetzten David Wheaton (Nummer 20 der Weltrangliste) noch einmal ein Break zum 6:5, war bei 30:15 nur noch zwei Punkte vom Halbfinale entfernt und schoß sich dann selbst nach zwei Stunden und 13 Minuten Spielzeit innerhalb von 30 Sekunden mit drei leichten Fehlern aus dem Turnier. Doppelfehler, miserabler Rückhand-Passierball als Vorlage für Wheatons Vorhand-Volley und ein erneuter Rückhand-Fehler Agassis brachten Wheaton wieder ins Spiel — und auf die Siegerstraße.

Andre Agassi, der immer wieder vom britischen Masseur John Matthews am rechten Oberschenkel vereist werden mußte, meinte hinterher: „Es wäre einfach für mich gewesen, das Match wegen meiner starken Schmerzen aufzugeben, auf jedem anderen Platz dieser Welt hätte ich es auch gemacht. Aber das konnte ich bei diesem spannenden Spiel dem Publikum nicht antun.“

So hielt Andre Agassi durch, packte nach zwei Stunden und 43 Minuten und dem entscheidenden Rückhand-Volley von David Wheaton seine Sachen und verabschiedete sich mit erhobenen Händen von seinen neuen Fans. Mit David Wheaton, der 15 Asse schlug, hatte sich erneut ein ungesetzter Spieler in das Halbfinale katapultiert, zum zwölften Mal in den letzten 15 Jahren.

„Im zweiten und dritten Satz ging mit meinem Aufschlag gar nichts. Ich freue mich auf das Halbfinale gegen Boris Becker“, erklärte der Sieger. Was fällt Ihnen zu Becker ein? Wheaton: „Er hat mich letztes Jahr in Queens geschlagen, er hat ein sensationelles Service. Ich werde versuchen, meine Aufschläge ständig zu variieren, um Becker möglichst viele Schwierigkeiten dabei zu machen, ihn zu erkennen.“

Halbfinale in Wimbledon, ein Riesenerfolg für den Mann aus Minnesota, dessen Karriere Anfang 1990 nach einem Beinbruch schon zu Ende schien. Seine Familie baute den Newcomer des Jahres 1989 (Sprung in der Weltrangliste von Platz 441 auf 66) wieder auf, seine Familie sorgte auch in Wimbledon im gemieteten Haus für Davids Wohlbefinden.

Mutter Mary Jane, die Tennislehrerin ist, und Vater Bruce, der als Ingenieur arbeitet, kochten. Die Brüder Mark, ein Mediziner, und John, als Rechtsanwalt tätig, gleichzeitig Davids Manager, hielten alle Aufregungen während der Wimbledon-Tage von ihm fern. Volle Konzentration auf das große Ziel. Vater Bruce: „Alles ging seinen normalen Gang, es gab keine Feiern nach den ersten Runden. Wir wollten alle nur optimale Voraussetzungen für Davids sportliches Ziel schaffen.“

Als David Wheaton nach dem Triumph gegen Andre Agassi um 19.30 Uhr die Anlage mit seinem Motorroller verließ, regenerierte sich Titelverteidiger Stefan Edberg schon wieder in seinem Appartement in Kensington. Auch in seinem fünften Match war Edberg glatt durchmarschiert, hatte den krassen Außenseiter Thierry Champion 6:3, 6:2, 7:5 besiegt. Nur runde zehn Stunden Arbeitszeit bis zum Halbfinale, ein weiterer Vorteil gegenüber der Konkurrenz.

Boris Becker zum Beispiel mußte 13 Stunden und zwanzig Minuten auf den Plätzen arbeiten. Thierry Champion war sehr beeindruckt von Stefan Edberg. „Unglaublich, dieser Edberg, der hat eigentlich gar keinen Fehler gemacht.“ Stefan Edberg selbstbewußt: „Mein Hauptziel ist es, hier zum dritten Mal den Titel zu holen. Es hat sich in meinem Unterbewußtsein festgesetzt, daran zu glauben, daß ich jederzeit jeden Gegner schlagen kann. Auf Rasen sowieso, dort bringe ich seit Jahren sehr gute und konstante Leistungen. Den-

Fünf Sätze lang kämpfte, lief und sprang er: Umsonst. Andre Agassi verlor doch noch gegen David Wheaton.

noch konnte ich mich stetig verbessern. Das war auch immer meine Strategie, eine richtige Schwächephase hatte ich lange nicht."

Edberg, der seit dem 13. August letzten Jahres mit einer zweiwöchigen Unterbrechung durch Boris Becker nach dem Grand-Slam-Turnier von Melbourne im Januar 1991 die Nummer Eins in der Weltrangliste war, bewegte sich auch gegen Champion unheimlich leichtfüßig. Er zog sein Serve-and-volley-Spiel mit phantastischer Sicherheit durch.

Dazu meinte Stefan Edberg selbst: „Die Beweglichkeit ist der Schlüssel zu meinem Spiel. Auf dieser Ebene habe ich mich in den letzten Jahren am meisten verbessert. Wenn man schnell auf den Beinen ist, bedeutet das, mehr Zeit für den Schlag, mehr Variationsmöglichkeiten zu haben. Es ist wirklich nicht wichtig, den härtesten Schlag zu haben, wenn du nicht rechtzeitig am Ball bist. Also habe ich auf dem Gebiet der Beweglichkeit am härtesten trainiert, das ist jetzt eine Stärke von mir."

Frage: „Wären Sie überrascht, wenn Sie Wimbledon nicht gewinnen würden?" Edberg: „Diese Frage beantworte ich nicht. Sagen wir mal so: Ich weiß, daß ich eine gute Chance in diesem Jahr besitze." Frage: „Und Michael Stich, den Sie als Mann der Zukunft bezeichnen, hat der auch Chancen?" Edberg: „Stich hat das Halbfinale erreicht, also kommt er für den Titel in Frage. Er braucht auch nur noch zwei Siege."

Gut gesagt. Stefan Edberg nutzte als weitgereister Weltbürger den nach allen Seiten offenen Weg der Diplomatie. Sein Kollege Stich dagegen beantwortete die Frage, ob er Wimbledon gewinnen könne, mit einem der Einfachheit halber lauten „Ja". Der Gegenfrage „Warum?" setzte Stich ein „Warum nicht?" entgegen. Ja, warum eigentlich nicht? Der deutsche Davis-Cup-Spieler trat bei seinem ersten Match auf dem Centre Court gegen den French-Open-

Leise Vorahnung

„Warum nicht?", antwortete Michael Stich auf die Frage, ob er das Turnier gewinnen könne

David Wheaton (Seite 102/103) war am Schluß etwas stärker als sein Landsmann.

In Lauerstellung: Jim Courier (links) gelang es dennoch nicht, Michael Stich zu überlisten.

Gewinner Jim Courier mit derart großem Selbstvertrauen auf, das auch seinen Halbfinalgegner Stefan Edberg beeindruckte: „Das wird ein hartes Spiel morgen."

6:3, 7:6, 6:2 fertigte Michael Stich den amerikanischen Shooting-Star ab, der 1991 schon die Millionen-Turniere in Indian Wells und Key Biscayne sowie die French Open gewonnen hatte. Mit einem Lob hatte sich Stich den ersten Satz geholt, den zweiten Durchgang mit einem As, den Sieg nach 121 Minuten mit einem Aufschlagpunkt.

Jim Courier dazu: „Michael hat außergewöhnlich gut aufgeschlagen und returniert. Da gibt es kein Wenn und Aber, das war eine klare Angelegenheit. Michael ist ein extrem talentierter Spieler mit unglaublich viel Power." Eiskalt, konsequent und mit dem taktischen Gespür für die Situation ging Michael Stich an diesem Tag vor, überstand eine kleine Schwächephase im zweiten Satz, als er zwei Satzbälle abwehren mußte. Frech legte er dem an Nummer vier gesetzten Jim Courier im Tiebreak einen Stoppball hinter das Netz — ein Traumschlag. Michael Stich grinsend: „Der richtige Ball in dem Moment, glaube ich, auf jeden Fall fiel mir nichts Besseres ein."

Am Ende dieses vorläufig schönsten Tages in Wimbledon analysierte Michael Stich sein Match sehr präzise. „Jim Courier war als Gegner im Viertelfinale sicher etwas einfacher für mich als Edberg oder Becker, keine Frage. Dennoch war es das bisher beste Rasenspiel meiner Karriere; das frühe Break war ein entscheidender Faktor. Ich hatte das Match immer unter Kontrolle."

Stichwort Halbfinale gegen Stefan Edberg. Man fragte ihn: „Was fällt Ihnen dazu ein?" Stich: „Das Erreichen des Halbfinales in Paris kam für mich überraschender als das hier in Wimbledon. Ich muß mich jetzt 110prozentig konzentrieren, Edberg ist aufgrund seiner Leistungen hier der Favorit, aber unsere Chancen sind dennoch gleich. Das Halbfinale eines Grand-Slam-Turnieres ist mehr als nur ein Tennisspiel. Wenn ich nicht an den Sieg und den Titel glauben würde, könnte ich gleich nach Hause fahren."

Stichwort Finale. Auch dazu wurde Stich nun schon befragt: „Was geht Ihnen im Hinblick auf ein mögliches rein deutsches Endspiel gegen Boris Becker durch den Kopf?" Stich: „Das wäre toll, wir beide haben es ja in Paris verpaßt. Ich respektiere Boris Becker als großen Tennisspieler, er ist sicherlich noch eine Klasse besser als ich, aber ich schaue nicht zu ihm auf und sage: So will ich auch Tennis spielen."

Der deutsche Davis-Cup-Teamchef Niki Pilic, der abends zuvor auf dem vollbesetzten Centre Court ein Senioren-Doppel mit Balazc Taroczy gegen John Newcombe/Tony Roche gewann: „Jetzt ist für Michael Stich alles möglich. Er hat gegen Courier so clever gespielt, daß der gar nicht gewußt hat, was er machen sollte. Die Amerikaner sagen drive-and-seat zu so einer Vorstellung. Seit dem Davis-Cup-Sieg gegen den Italiener Paolo Cane ist bei Michael Stich der Knoten geplatzt." Und auch Boris Becker gab einen Kommentar ab: „Michael ist in eine andere Liga aufgestiegen, in Paris war seine Auslosung ·noch leicht, aber hier in Wimbledon gegen eine so starke Konkurrenz das Halbfinale zu erreichen, spricht für sich. Kompliment."

Man muß zugeben, daß Ivan Lendl in seinen Vorhersagen eindeutig besser lag als mit seinen Leistungen auf dem Platz. „In Wimbledon wird auf keinen Fall ein Grundlinienspieler gewinnen", hatte er nach seiner Niederlage gegen David Wheaton gesagt. Die Halbfinal-Paarungen Stefan Edberg gegen Michael Stich und Boris Becker gegen David Wheaton gaben dem Tschechoslowaken, der im April 1992 amerikanischer Staatsbürger wird, recht.

Süße Rache

Stich schlägt Courier, gegen den er in Paris noch kurz zuvor verloren hatte, mit 6:3, 7:6, 6:2

Souverän und locker: Michael Stich (Seite 106/107) bei einem typischen Netzangriff.

Guy Forgets großer Einsatz (links) wurde letztlich nicht belohnt. Er verlor nach großem Spiel gegen Boris Becker.

WIEVIEL WEISS MUSS SEIN, MR. GORRINGE?

Für manche Stein des Anstoßes: die Kleiderordnung

Der sehr ehrenwerte Mr. Christopher Gorringe, Executive Officer des The All England Lawn Tennis & Croquet Clubs, wird sicher dieses Kribbeln in der Bauchgegend verspürt haben. Eigentlich hätte ihm das Ganze ziemlich egal sein können. Dann hätte er ihn eben wieder weggeschickt, den als Tennis-Punker geltenden Andre Agassi, so der — wie gewohnt — in den grellen Neonfarben aufgetaucht wäre.

Aber wer schickt schon gern einen jungen Mann weg, der doch dieses Tennisspiel viel, viel besser beherrscht als Milliarden Menschen auf diesem Erdball, und deshalb zu allen möglichen Hoffnungen Anlaß gibt? Andererseits, Mr. Gorringe war fest entschlossen, den Regeln seines Clubs Achtung zu verschaffen. Komme, was da wolle. Und eine Regel seines Clubs bestimmt eben die Kleiderordnung auf dem Rasen.

„Predominant white" steht da geschrieben, überwiegend weiß. Mr. Gorringe weiß natürlich ganz genau, daß man das Wörtchen „überwiegend" auseinanderziehen kann wie Kaugummi. Ein gänzlich schwarzes Tennishemd, das ist klar, würde bei Mr. Gorringe durchfallen. Aber wenn das Design nur halb schwarz ist oder gestreift, quer oder längs?

Mr. Gorringe hatte dieses untrügliche Gefühl, daß der sportliche Herrenausstatter des jungen aufstrebenden Herrn Agassi für dessen zweiten Auftritt in Wimbledon nach der Erstrunden-Niederlage 1987 gegen den Franzosen Henri Leconte etwas Außergewöhnliches präsentieren wollte. Weltexklusiv sozusagen.

Überrascht oder schockiert hatte Agassi die Öffentlichkeit oft genug: so beim Masters 1989 in New York, als Las-Vegas-Boy Andre in Schwarz-Lava auflief, mit den engen Radlerhosen bis zum Knie. Oder bei den US Open 1990, als der Teenie-Star zur Modenschau in Schwarz-Lime unter die Leute geschickt wurde. Würde der Herrenausstatter nun auch Wimbledon benutzen — gar zu einer großen Show?

Dies genau wußte eben Mr. Gorringe nicht, und alle anderen auch nicht. Und wenn man schon wegen des Regens an den ersten Tagen Trübsal blasen muß, läßt es sich eben um so besser spekulieren. Ganz London spekulierte mit: die Boulevard-Blätter mit den Millionen-Auflagen ebenso wie die ehrwürdige „The Times" oder der ebenso konservative „The Daily Telegraph".

Nie mehr seit der Hochzeit von Prinz Andrew mit Sarah Ferguson wurde in England über die Kleidung einer Person so heftig und intensiv gerätselt. Ganz oben auf der Flüster-Hitliste: Weißes Leder, hauchzart, körperanliegend wie bei den Rad-Profis.

Die Vorstellung, daß der „Pink-Panther" Andre Agassi ganz in Weiß auflaufen würde — vielleicht so wie die Amerikanerin Anne White 1987 auf Platz zwei gegen Pam Shriver im verbotenen enganliegenden Stretch-Overall — veranlaßte den „Sunday Telegraph" zu einem sarkastischen Ratschlag. Der junge Amerikaner, so die Sonntagszeitung, brauche nicht so weit zu gehen, sich auch noch die schwarzen Brusthaare weiß einfärben zu lassen.

Mr. Andre Agassi, Ihr Auftritt.

Predominant white

Auch in Modefragen beansprucht Wimbledon die Führungsrolle im konservativen England

Andre Agassi mit „modischer" Brille. Wenn er schon nicht in Farbe auftreten durfte, dann wollte er wenigstens für einen Gag sorgen…

Donnerstag, 27. Juni 1991 um 15.54 Uhr London-Zeit marschierte dieser Andre Agassi wirklich ganz in Weiß auf den Centre Court. Aber es handelte sich um einen ganz normalen Trainingsanzug — kein Leder, nichts Spektakuläres. Darunter auch alles in Weiß: Tennishemd, Radlerhose, Socken, Schuhe, Stirnband — alles weiß. Andre Agassi, ein kleiner weißer Riese.

„Er schaute aus wie eine junge Braut im jungfräulichen Weiß", spottete „The Times" am nächsten Tag auf der ersten Seite. Der leicht enttäuschte Unterton war nicht zu überhören. Der Herrenausstatter des Herrn Agassi hatte sein Ziel aber erreicht, keine Zeitung ohne Foto des weißen Riesen. Das Fernsehen war mehrere Stunden weltweit dabei, ein Medienspektakel in Weiß.

Alfred Schwarz, Promotion-Chef des deutschen Sportbekleidungsherstellers „adidas": „Es ist natürlich das Ziel aller Firmen, gerade bei so großen Medienereignissen wie Wimbledon für neue Kollektionen Werbung zu machen." Die würden zur Spielwiese für farb- und experimentierfreudige Designer — wenn da nicht Mr. Christopher Gorringe wäre. Alfred Schwarz: „Wir haben die Kollektionen für Stefan Edberg und Steffi Graf sowie weitere für rund 60 andere Vertragspartner neun Monate vor Wimbledon dem Club-Komitee vorgelegt. Die Graf-Linie ist von Herrn Gorringe abgelehnt worden, bei Stefan Edberg wurde ein abgemagertes Design akzeptiert. Die generelle Einstellung des All England Clubs sieht vor, auffallende Farben und ein Design auf dem Rücken zu untersagen".

Nach seinem Achtelfinalspiel gegen John McEnroe wurde Stefan Edberg dennoch vor das Club-Komitee zitiert. Der Schwede hatte es gewagt, mit seiner allerneuesten Kollektion aufzutreten. Das Hemd trug ein Farbmuster auf dem Rücken. Das war den Herren zuviel. Im nächsten Spiel mußte er wieder im alten Trikot auflaufen.

Rechenschaft

Ein Farbmuster auf dem Rücken wurde Stefan Edberg zum „Verhängnis". Er mußte das Hemd wechseln

*Stefan Edberg —
nun wieder (fast) ganz in Weiß.*

TRÄNEN BEI DER TITELVERTEIDIGERIN

Viertelfinale Damen: Aus für Martina Navratilova

Die Augen können nicht schwindeln, etwas vormachen oder sogar lügen. Die Augen verraten nichts als die nackte Wahrheit. Sie sind das Guckloch des Menschen wie das runde Fenster einer simplen Waschmaschine. Durch die Augen erfährt man, wie es drinnen aussieht, im Innersten. Sie sind stumme Zeugen wechselnder emotionaler Verfassungen.

Die Augen von Steffi Graf, Zina Garrison, Arantxa Sanchez-Vicario, Mary-Joe Fernandez, Jennifer Capriati, Martina Navratilova, Laura Gildemeister und von Gabriela Sabatini drückten nach den Viertelfinal-Matches die ganze Palette von Triumph, Befriedigung, Niedergeschlagenheit, Enttäuschung und Zufriedenheit aus.

Steffi Graf nach dem 6:1-, 6:3-Sieg gegen Zina Garrison: Sachliche Kommentare, hier mal ein Lächeln, dort ein Lächeln, sie blieb bewußt die Geheimnisvolle, sie wollte die Distanz. Aber die Augen strahlten, die Weltranglisten-Zweite hatte sich gegen Zina Garrison selbst auf die Probe stellen wollen, sie bestand den Test glänzend. Besonders vor sich selbst, was noch wichtiger ist, wenn man die Perfektionistin Steffi Graf kennt.

Der Aufschlag funktionierte in der gewünschten Präzision und Härte, die Grundschläge fanden ihr Ziel. Und ihr neugewonnenes Selbstvertrauen, das Steffi Graf in diesem wichtigen Match vor den Augen der Herzogin und des Herzogs von Kent vorführen wollte, ließ sich an zwei Schlagvarianten ausmachen: Der cross gespielte Rückhand-Stop und der Rückhand-Drive

waren bei Steffi Graf schon immer sichtbarer Gradmesser innerer Zufriedenheit.

Damit überraschte sie Zina Garrison, die sich vor dem Match noch eine Video-Aufzeichnung des Achtelfinales Graf — Frazier angesehen hatte. Mehrfach wechselte die farbige Amerikanerin ihre Taktik, stürmte zunächst bei jedem Ball ans Netz, mischte dann Vorwärts- und Rückwärtsgang. Vergeblich, Steffi Graf wußte an diesem Tag auf alles eine Antwort.

„Bis auf eine kleine Phase im zweiten Satz lief das Spiel optimal. Meine Gedanken, meine ganze Konzentration waren dieses Mal beim Tennis, darin lag der große Unterschied im Vergleich zu 1990. Ich muß lange nachdenken, wann ich das letzte Mal eine klasse Spielerin auf deren Lieblingsbelag so sicher beherrscht habe. Vielleicht bei den US Open 1990 Arantxa Sanchez-Vicario."

Die Augen von Zina Garrison, die in ihrer Karriere zehn Turniere gewann, aber noch keines der Grand Slams: eine Mischung aus Traurigkeit, Müdigkeit und Resignation. Nichts ist schlimmer als das böse Erwachen aus einem Traum, wenn die Lebensuhr drängt und die Zeit läuft und läuft und läuft. Zinas Traum von Wimbledon, den die Ehefrau eines texanischen Geschäftsmannes im letzten Jahr nach den Siegen gegen Monica Seles und Steffi Graf bis zum Finale haben durfte, war ein weiteres Mal zerstört worden. Alles, was in ihren Kräften stand, hatte sie versucht, auch die Vorbereitung war optimal gewesen: körperlich, mental sowie auch in bezug auf das Material.

Arantxa Sanchez-Vicarios Vormarsch blieb schon im Viertelfinale stecken.

115

Sie hatte den Schläger gewechselt, einer anderen Firma den Vorzug gegeben. Nun jagte sie dem Ball mit einem Power-Racket made in Japan nach. Ein positiver Effekt stellte sich nicht ein. Erbarmungslos die Gedanken, die durch den Kopf rasen und immer wieder bohrend die Frage stellen, ob das schon alles in der Karriere — ja im Leben — gewesen ist. Zina Garrison sagte es nicht, sie wußte es vielleicht in diesem Augenblick auch nicht, keiner kennt die Antwort. Wimbledon ist das egal, Wimbledon konzentriert sich auf Sieger.

Laura Gildemeister, Nummer 26 der Weltrangliste, die einzige ungesetzte Spielerin im Viertelfinale, schaute zufrieden. Die 27jährige Peruanerin, seit 1984 mit dem ehemaligen chilenischen Spitzenspieler Heinz Gildemeister verheiratet und Mutter eines dreijährigen Sohnes, hatte mehr erreicht als erwartet. Mehr ging nicht, 2:6, 1:6 gegen Gabriela Sabatini. Gabi schaute auch zufrieden. Hauptsache Sieg, immerhin leicht ansteigende Form, der Rest würde bald vergessen sein. Es blieb ja noch viel zu tun, die Schwerstarbeit in den entscheidenden Matches sollte noch kommen.

Die lustigen Knopfaugen von Arantxa Sanchez-Vicario, in der Regel immer auf der Suche nach den schönen Dingen des Lebens, immer neugierig — sie schauten diesmal enttäuscht. Die Spanierin, seit ihrem überraschenden Triumph 1989 bei den French Open in Paris Nationaleigentum und beim Vorbereitungsturnier auf dem Rasen in Eastbourne im Finale gegen Martina Navratilova ebenbürtig, aber unterlegen, hatte sich viel mehr ausgerechnet. 2:6, 5:7 gegen die Amerikanerin Mary-Joe Fernandez, die seit Anfang des Jahres von Ion Tiriac gemanagt wird. Arantxa: „Das hatte ich mir anders vorgestellt, aber Mary-Joe spielte das ganze Match über sehr aggressiv, setzte mich stark unter Druck."

Die dunklen Augen der Mary-Joe Fernandez, mit dem amerikanischen Weltklasse-Spieler David Wheaton befreundet: Zufriedenheit, aber auch die Überzeugung, noch mehr leisten zu können. Trotz der Hürde Steffi Graf im Halbfinale. Ion Tiriac über seinen einzigen weiblichen Klienten von Weltklasse: „Mary-Joe besitzt alle Voraussetzungen, um auch auf Rasen sehr erfolgreich zu sein. Sie spielt aggressiv, müßte allerdings noch häufiger ans Netz kommen."

Die Augen von Martina Navratilova: Riesige Enttäuschung, Trauerränder, Tränensäcke. Keine der Weltklassespielerinnen kann ihre Gefühle so schlecht verstecken wie die Amerikanerin, mit rund 17 Millionen Dollar Preisgeld absolute Spitzenreiterin in ihrem Job. Die 4:6-, 5:7-Niederlage gegen Jennifer Capriati war das schlechteste Wimbledon-Ergebnis für die Titelverteidigerin seit 1977.

Es wird wohl bei neun Einzeltiteln in Wimbledon und 18 Grand-Slam-Turniersiegen insgesamt bleiben. Die Nerven spielten bei Martina Navratilova nicht mehr mit, kein Wunder, auch privat hatte sie große Probleme, beschäftigt mit dem Streit mit ihrer ehemaligen Freundin, beschäftigt mit Rechtsanwälten und Gerichten.

Der Verlauf des zweiten Satzes gegen Jennifer Capriati (Nummer 12 der Weltrangliste) zeigte das ganze Dilemma: Martina Navratilova vergab vier Breakbälle zur 4:1-Führung, drei in Folge zur 5:2-Führung, noch einen zur 6:5-Führung. Und beim dritten Matchball von Jennifer Capriati produzierte Martina einen Doppelfehler.

Was folgte, waren Tränen, ein Sprint weg vom Ort der Demütigung, der neunmal Schauplatz ihrer größten Triumphe gewesen ist — was für ein melodramatisches Ende. „Ich werde bald 35 Jahre, und ich kann jetzt noch nicht sagen, ob mein Herz daran hängt, noch mal wiederzukommen." Eins war klar,

Endstation

Gabriela Sabatini beendete die Erfolgsserie von Laura Gildemeister, der einzig ungesetzten Spielerin im Achtelfinale

Glücksgefühle — Mary-Joe Fernandez nach ihrem Sieg.

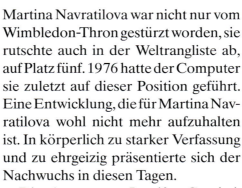

Martina Navratilova war nicht nur vom Wimbledon-Thron gestürzt worden, sie rutschte auch in der Weltrangliste ab, auf Platz fünf. 1976 hatte der Computer sie zuletzt auf dieser Position geführt. Eine Entwicklung, die für Martina Navratilova wohl nicht mehr aufzuhalten ist. In körperlich zu starker Verfassung und zu ehrgeizig präsentierte sich der Nachwuchs in diesen Tagen.

Die Augen von Jennifer Capriati: Wie ein Kobold, dem gerade ein guter Streich gelungen ist. Was ja nicht von der Hand zu weisen war, absolut nicht. Virginia Wade, Wimbledonsiegerin von 1977, die für das britische Fernsehen BBC kommentierte, sagte: „Jennifer ist im Vergleich zum Vorjahr schneller geworden, hat ihren Aufschlag stark verbessert, die Grundschläge sind phantastisch, die Passierschläge geradezu sensationell, vor allem bei wichtigen Punkten. Ihre größte Schwäche, so es überhaupt eine ist, ist ihre zeitweise Übermotivation."

Zweimal hatte sie zuvor große Probleme mit vermeintlich schwächeren Gegnerinnen. In der dritten Runde traf sie auf die Deutsche Wiltrud Probst. In dieser Partie wollte sie alles zu schnell machen, wie auch eine Runde später gegen Brenda Schultz. Doch in bezug auf Martina Navratilova, die Legende, wußte Jennifer Capriati bereits vorher, was auf sie zukommen würde. Die stoische Ruhe, mit der sie auch in kritischen Momenten immer wieder die Lücke zwischen ihrer Gegnerin und der Aus-Linie fand, ließ auch für kommende Aufgaben vieles erwarten.

Es ist in diesem Augenblick kein Wagnis, anzunehmen, daß Jennifer Capriati, an diesem Tag 15 Jahre und 96 Tage alt, den Tennis-Zirkus auch über Wimbledon hinaus weiter beschäftigen wird, in den nächsten Tagen, in den nächsten Jahren.

PS: Steffi Graf, gerade 22 Jahre geworden, war die älteste Spielerin im Damen-Halbfinale. Gute alte Steffi.

Gute Aussichten

Jennifer Capriati besiegte Titelverteidigerin Martina Navratilova und meldete für die Zukunft Ansprüche auf den Tennisthron an

Sie konnte es kaum begreifen: Jennifer Capriati nach ihrem Erfolg gegen Martina Navratilova, die bereits einpackte... (Seite 118/119).

Mit Riesenschritten in die nächste Runde: Gabriela Sabatini (links) hatte es eilig.

WEDER BITTEN NOCH BETTELN HELFEN

Die Ordner in Wimbledon sind nicht zu erweichen

Wenn Ronald Pole, eines von 40 fürs Tennis-Turnier engagierten Mitgliedern des Honorary Corps of Commissionaires, jemandem, der nicht dort hingehört, den Eintritt ins Pressezentrum verwehrt, dann hilft kein Betteln. Ronald Pole ist ein Mann mit grauem Schnauzer, die wenigen Haare sind ordentlich zurückgekämmt, und sein Leibesumfang ist stattlich zu nennen. Die Uniform, geschmückt mit Orden aus dem Zweiten Weltkrieg, sitzt würdevoll und eng am Körper, sein freundliches Lächeln, das die Augen in Falten legt, läßt den Bittsteller das „Nein" zuerst nicht glauben.

Doch er meint, was er sagt. Und „nein" heißt eben „nein". Unfreundlich wird er jedoch nie. Schließlich hat er Erfahrung in diesem Metier. Hauptberuflich ist er nämlich im Buckingham Palace tätig, ebenfalls als Angehöriger des Wachpersonals. Und da die Anlage des bedeutendsten Turniers der Welt wahrscheinlich genauso streng bewacht wird wie der Sitz der Queen, nimmt er den zweiwöchigen Abstecher nach Wimbledon genauso ernst wie seinen alltäglichen Dienst.

Dem Zufall werden in Wimbledon nur das Wetter und der Ausgang der Spiele überlassen. Wobei auch hierbei das Wort Zufall zu diskutieren wäre. Alles weitere ist in Händen der Organisatoren. Privilegien haben nur die Mitglieder. Zwei Karten pro Tag stehen den 300 Männern und 80 Frauen zu vergünstigten Preisen zur Verfügung. Die anderen müssen Schlange stehen. Und obwohl die Engländer darin geradezu meisterlich sind, hat der Veranstalter eine Armada von Ordnungshütern eingestellt. Vertrauen ist zwar gut, aber Kontrolle immer noch besser. Auch in England. Ronald Pole und sein Honorary Corps of Commissionaires machen nur einen kleinen Teil des Aufgebotes aus, das die Ordnung erhält oder sie im Notfall wieder herstellen soll.

Die „Honorary Stewards" beispielsweise regeln den Verkehr der Menschenschlange, die sich Tag für Tag um die Anlage windet und Einlaß begehrt. Die meisten von ihnen sind Pensionäre, die nur noch beim Turnier in Wimbledon tätig sind. Ihre Posten sind vererbbar und werden von Generation zu Generation weitergegeben. Einmal im Jahr trifft man sich zum Dinner. „The same Procedure as every Year." Wimbledon unterstreicht seine Tradition eben auch in Details.

Die 120 „Service Stewards", eine bezahlte Einheit, bewachen die Plätze. Wobei interessant ist, daß die einzelnen Stewards seit Jahren denselben Platz kontrollieren. Unterstützt werden sie alle von einem Heer von verschiedenen Helfern. 400 Mann der Londoner Feuerwehr, zahlreiche Polizisten und viele mehr sorgen für einen reibungslosen Ablauf. Mehr als 800 Menschen sind somit allein für die Sicherheit auf der Anlage angestellt.

Stets freundlich, doch bestimmt versehen sie ihre Arbeit. Und es gibt auch keine Ausnahme. Vor ihrem Gesetz sind noch alle Menschen gleich. Auch Boris Becker fehlten vor einigen Jahren die Argumente, als er von einem Parkwächter abgewiesen wurde, weil er seinen Ausweis vergessen hatte.

Keine Ausnahmen

Vor dem Gesetz der Ordner sind alle gleich: Ausweis nicht dabei? Dann müssen Sie ihn eben holen

Tradition spielt in Wimbledon eine große Rolle — ohne die Veteranen wäre es genausowenig denkbar wie ohne die vielen Ordnungskräfte, die königliche Familie oder das Weiß der Kleidung…

123

EIN HERRSCHER FÜR ZWEI WOCHEN

Oberschiedsrichter Alan Mills wacht über Wimbledon

Wimbledon macht Helden, eine etwas pathetische Sichtweise vielleicht, aber es ist nun mal so. Wie soll es auch anders sein, schließlich sagt man denen, die die Trophäe jemals in der Hand hielten, ja für die Ewigkeit nach, daß sie Helden seien. Und wen wundert es, daß die Helden bald selbst glauben, daß sie Helden sind? Nein, dies ist schon in Ordnung, man braucht ja auch jemanden zum Bewundern, zum Anstarren, zum Anfassen.

Was ist aber mit denen, die Wimbledon machen? Warum sind das keine Helden? Das könnte daran liegen, daß es so viele sind; rund 3000 Personen wirbelten auch 1991 herum. Nein, Helden sind das nicht, oder vielleicht doch einer: ein ganz klein bißchen sagt man das Alan Mills nach. Er ist der Chef der Turnierorganisation, die Seele vom Ganzen. Alan Mills stand auch diesmal sehr häufig am Spielereingang zum Centre Court, ein gleichbleibend skeptischer Blick, das Satelliten-Telefon in der Hand.

Wo es brannte, genügte ein Anruf — „Alan Mills speaking." Man hätte ihn fragen können, wie oft Alan Mills Alan Mills sagen mußte in den vierzehn Tagen, er hätte nicht gewußt, ob nun tausend-, zweitausend- oder dreitausendmal. Wahrscheinlich eher letzteres, es brannte ja ziemlich oft pikanterweise, weil es ziemlich oft regnete in der ersten Woche. Spielpläne wurden aufgestellt und wieder verworfen, Alan Mills hier, Alan Mills da. „Um acht Uhr werde ich abgeholt, um Mitternacht bringt man mich wieder nach Hause — mit ein paar Litern Kaffee mehr im Bauch.

Die Kaffeemaschine ist das einzige, was ich wirklich brauche in meinem Büro", pflegt Alan Mills Auskunft zu geben. Er kennt jeden Zentimeter auf diesem Gelände, seit Jahren. Bei diesem Herrn stimmt es wirklich, wenn man sagt, sein Leben und alles das, was ihm lieb und teuer ist, ist Wimbledon. Alan Mills stand selbst auf den Plätzen mit dem Racket in der Hand, seine Mixed-Partnerin Jill Rook wurde Frau Mills, der Sohn, jetzt Trainer in Texas, nahm am Juniorenturnier teil.

„Im Grunde spielt sich alles im gleichen Rhythmus ab. Wenn ich komme, überprüfe ich noch mal den Spielplan, erkundige mich nach der Wettervorhersage, mache Alternativpläne. Dann treffe ich mich mit den Stuhlschiedsrichtern, höre mir deren Probleme an, weise sie darauf hin, die Kleidung der Spieler und die Größe der Werbelogos zu überprüfen. Wenn das erste Spiel begonnen hat, setzen wir uns schon an den Spielplan für den nächsten Tag, richten dabei aber immer ein Auge auf die Monitorwand, um zu sehen, was draußen auf den Plätzen passiert. Um 16 Uhr schauen sich einige Komitee-Mitglieder den Spielplan an, zwei Stunden später wird er vom gesamten Komitee verabschiedet, wir essen ein bißchen, diskutieren die Ereignisse des Tages. Und so weiter, und so weiter..."

Tagaus, tagein der gleiche Job, der Adrenalinspiegel hier und da mal höher, mal tiefer, Regen in Wimbledon besitzt ja Tradition, dies dürfte inzwischen hinlänglich bekannt sein. Alan Mills kriegt das schon über die Bühne.

Anruf genügt

Dreitausend Mal in vierzehn Tagen: „Alan Mills speaking"

Boris Becker (links) focht so manchen Strauß mit den Schiedsrichtern aus. Oberschiedsrichter Alan Mills brauchte allerdings nicht einzugreifen.

4,76 MILLIMETER SIND DAS MASS

Groundsman Jim Thorne tritt nach neun Jahren ab

„Rasen", so befand Ivan Lendl einmal, „ist für Kühe gut, nicht für Tennisspieler." Er, so konterte Jim Thorne, habe zum Zeitpunkt dieser Äußerung nichts anderes von der damaligen Nummer Eins erwartet. Der 65jährige mit den schmalen blauen Augen, hinter denen sich ein ausgeprägter Sinn für Humor verbirgt, der für Lendl Gärtner und für die Engländer „Groundsman" ist, beendet nach neunjähriger Rasenpflege in Wimbledon seine Arbeit und gibt sie in die Hände seines Nachfolgers Eddy Seawood.

Zwölf Monate im Jahr sorgte er sich um jeden Halm auf der Anlage des All England Lawn Tennis and Croquet Clubs an der Church Road. Dem Tennis hat er nur mühsam etwas abgewinnen können. Er spielt lieber Golf. „Schlecht, aber leidenschaftlich", wie er selber sagt. Dennoch blickt er wehmütig auf seine Zeit als Groundsman zurück. Es sind seine Plätze, deren Ecken er besser kennt als die Grüns und Fairways des walisischen Golfclubs Rhosgoch, dessen Präsident er ist. „Sie sind mein Besitz, bis sich hier die besten Spieler der Welt treffen. Dann gehören sie ihnen. Sie können machen, was sie wollen. Doch anschließend gibt man sie mir zurück, und sie gehören wieder mir."

Die Kühe, die Ivan Lendl hier gerne grasen sehen würde, hätten nicht viel Freude. Auf 4,76 Millimeter Länge schneidet Thorne das Grün auf den Plätzen — jeden Tag. Jedoch nicht einzeln und mit einer goldenen Schere, wie amerikanische Journalisten einmal vermuteten. Für 50 Wochen im Jahr war er, der kühle Waliser mit dem trockenen britischen Humor, der die Öffentlichkeit scheut, der bestimmende Faktor in der Vorbereitung auf die nächsten Championships.

Seine Worte sind Gebote. Er hat das letzte Wort, wenn es darum geht, den Platz zu schonen. Niemand murrt. Denn alles geschieht zum Wohle der zwei Wochen, die London SW 19 zum berühmtesten Postbezirk der englischen Hauptstadt gemacht haben.

Einmal im Jahr, im Spätherbst, wenn die Füchse aus den umliegenden Wäldern ein Winterquartier und Futter für die harte Jahreszeit suchen, ist Jim Thorne auch Herr der Exekutive. Thorne, sonst ein friedfertiger Mensch, greift dann schon manchmal zur Waffe, wenn es darum geht, den Centre Court, sein liebstes Stück, vor den schlauen Vierbeinern zu schützen.

Sein neuntes Jahr wird also das letzte als Groundsman gewesen sein. Eine Arbeit, in die er so viel Zeit und Leidenschaft investiert hat. Mit seiner Hilfe haben Gras-Produzenten eine spezielle Mixtur geschaffen, deren Grundbasis Rye Gras ist. „Da sich das Gras selbst in seiner Art verändert hatte, mußten wir auf eine aggressivere Sorte ausweichen", sagt Jim Thorne. Eddy Seawood hat es schwer, die Nachfolge dieses britischen Unikums anzutreten. Ein Jahr und zwei internationale Meisterschaften hatte er Zeit, zusammen mit seinem Lehrmeister Jim Thorne die Plätze und ihre Tücken und Vorlieben kennenzulernen. Zwei Jahre hatte er, um das Vertrauen der Mitglieder zu gewinnen, bevor er die alleinige Verantwortung für die 32 Plätze übernehmen durfte.

Trauriger Abschied

Jim Thorne, der gute Geist von Wimbledon, hat nach seinem Rücktritt nun mehr Zeit zum Golf spielen

Hüter des Rasens:
Jim Thorne (rechts) und sein Nachfolger Eddy Seawood.

ERSTMALS EIN DEUTSCHES FINALE

Boris Becker und Michael Stich setzten sich durch

Man war im Londoner Stadtteil Wimbledon nach den Ereignissen von 1989 eigentlich davon ausgegangen, die Deutschen ein für allemal ruhiggestellt zu haben. Nichts, aber auch gar nichts deutete zu diesem Zeitpunkt darauf hin, daß es möglicherweise noch „schlimmer" kommen könnte. Boris Becker und Steffi Graf gab es. Ende. Dazu kam ein gewisser Michael Stich, von Elmshorn Richtung München gezogen, weil sein Hamburger Tennisclub nicht mehr in der 1. Liga spielen wollte oder konnte. Doch dafür interessierte sich in der großen weiten Welt des Tennissports wirklich niemand.

Nach den Ereignissen des 5. Juli 1991 brummten englische Journalisten „Go, Gabi, go" vor sich hin. Nicht, daß ihre Vorliebe für die Südamerikanerin plötzlich andere Formen angenommen hätte, aber als Erfinder des Fairplay waren sie praktisch gezwungen, wenigstens so zu tun, als müßten sie die Minderheit gegen die absolute Mehrheit verteidigen. Steffi Graf im Finale, Boris Becker auch — und eben dieser Michael Stich. Ein rein deutsches Herrenfinale in Wimbledon, das hatte es auch noch nie gegeben. Noch dazu mit einem Teilnehmer namens Stich, mit dem keiner der Engländer so richtig etwas anfangen konnte. „Wo kommt der her?" „Was hat der vorher gemacht?" „Wo zum Teufel liegt dieses Elmshorn?" „Hat der eine Freundin?"

Um 19.23 Uhr Londoner Zeit war das Traum-Endspiel aus deutscher Sicht perfekt. Boris Becker hatte mit einem cross geschlagenen Vorhand-Return den Amerikaner David Wheaton 6:4, 7:6, 7:5 besiegt. Und mit dem erfolgreichen Matchball löste Boris Becker gleichzeitig den Schweden Stefan Edberg als neue Nummer Eins der Weltrangliste ab. Ein Tag für Historiker also, sowohl in Deutschland als auch in der berühmten Tennisgegend jenseits des Kanals.

Boris Becker schien vergessen zu haben, daß seine Beine müde waren. Er war motiviert genug, galt es doch, zum sechsten Mal in sieben Jahren das Finale zu erreichen. Den Insidern war das spätestens zu dem Zeitpunkt klar, als Michael Stich seinen sensationellen Siegeszug auch gegen Titelverteidiger Stefan Edberg fortgesetzt hatte. Ein anderer Deutscher im Finale von Wimbledon und er, Boris Becker, nicht, das wäre zuviel gewesen. Wo es doch für einen einsamen, hungrigen Wolf schon schwer genug zu begreifen ist, daß plötzlich ein anderer am selben Ende der Wurst knabbert. Kommentar von Boris Becker über Michael Stich: „Er ist in den letzten zehn Tagen nahe an mich herangekommen, und jeder, der das Wimbledon-Finale erreicht, kann es auch gewinnen."

Boris Becker gab nach seinem Sieg in der Pressekonferenz zu, sich den Triumphzug seines Davis-Cup-Teamkameraden gegen Edberg auf dem Kabinen-Monitor angesehen zu haben. „Und ich habe mir die letzten dreißig Minuten überlegt, was ich zum deutschen Finale sagen soll, wo ich doch wußte, daß ihr mich sofort danach fragen werdet. Michael ist ein selbstbewußter Mann, und ich hoffe, er wird jetzt ein bißchen nervös. Im Ernst,

Gegen David Wheaton gelangen Boris Becker endlich wieder seine Passierschläge (links).

Michael ist ein so cooler Kerl, der keinen Druck verspüren wird. Wir werden uns beide auf Tennis konzentrieren und uns jeweils als Gegner in einem wichtigen Match ansehen. Das ist auch gut so."

Michael Stich: „Ich habe eine sehr gute Chance auf den Titel, Boris aber auch." 4:6, 7:6, 7:6, 7:6 hatte auf den elektronischen Anzeigentafeln gestanden, dazu die gespielte Zeit (3:07 Stunden), ferner die Ortszeit (16.13 Uhr) und die Namen der Spieler Stefan Edberg und Michael Stich.

Mutter Gertrud Stich, die mit ihrem Sohn dort unten auf dem arg zerzausten Rasen mitgezittert hatte, erzählte noch auf der Tribüne, daß sie eigentlich schon zu Hause sein wollte, jetzt natürlich noch nicht gefahren sei, daß das alles sehr überwältigend sei und daß die Brüder von Michael, Thorsten und Andreas, auch anwesend seien, der Vater Detlef aber nicht. Der habe Grippe, würde aber zum Finale sicher kommen.

Der Neuseeländer Mark Lewis, Trainer beim Stich-Club Iphitos München und seit Oktober letzten Jahres auch stark in die Arbeit mit Michael Stich eingebunden, gab an, vor dem Match sehr zuversichtlich gewesen zu sein. Ein Vertreter der Management-Firma von Michael Stich gestand, daß sein Schützling als Marketing-Figur gute bis sehr gute Aussichten habe. Und Davis-Cup-Teamchef Niki Pilic meinte, Michael habe sensationell aufgeschlagen und hätte, wenn er auch im Finale so stark spielen würde, eine große Chance gegen Boris Becker. Das meinte auch Stefan Edberg: „Wenn Stich gegen Boris genauso gut aufschlägt wie gegen mich, kann er gewinnen."

Mit acht Assen und weiteren 56 Aufschlagpunkten setzte Michael Stich den Grundstein für den Erfolg in einem außergewöhnlichen Match. Stefan Edberg gab in den vier Sätzen kein Aufschlagspiel ab, Stich holte dabei nur 24 Punkte und besaß nur einmal, nach 118 Minuten, bei einem Service von Edberg Breakmöglichkeiten. Boris Becker: „Das kommt auch nicht alle Tage vor, daß du kein Aufschlagspiel abgibst und dennoch verlierst." Stefan Edberg: „Das ist mir noch nie passiert. Wahrscheinlich würden wir jetzt noch im zweiten Satz spielen, wenn es keinen Tiebreak gäbe. Es war ein sehr, sehr knappes Match, das ich zwei Sätze lang im Griff hatte und durch ein paar dumme Fehler in wichtigen Phasen des Spieles verloren habe."

Die waren schnell aufgezählt: Zwei Doppelfehler Edbergs im Tiebreak des zweiten Satzes, Blackout beim Satzball im Tiebreak des dritten Satzes, als Edberg an einem einfachen Schmetterball vorbeischlug, vier ungenutzte Breakbälle im fünften Spiel des vierten Satzes. Boris Becker: „Bei den beiden Doppelfehlern im ersten Tiebreak war deutlich zu sehen, daß Edberg sehr nervös war, und mir war danach klar, daß Michael sehr gute Siegchancen haben würde." Stefan Edberg: „Der Tiebreak im dritten Satz war vorentscheidend." Michael Stich: „Wenn ich den zweiten Satz auch verloren hätte, wäre nichts mehr zu holen gewesen. Für mich war der Netzroller zum 2:1 im Tiebreak des vierten Satzes entscheidend. Da war ich mir sicher, gewinnen zu können."

Beeindruckend die Ruhe und Konstanz in den Aufschlägen von Michael Stich, die mehr als drei Stunden gegen einen solchen Klassespieler, der in seinen fünf Spielen vorher keinen Satz abgegeben hatte, anhielt. „Es kommt nicht darauf an, bei 40:0 ein As zu schlagen. Entscheidend ist die Nervenstärke bei den wichtigen Punkten, und da war ich heute sehr stark", kommentierte Michael Stich.

Diese Nervenstärke attestierte David Wheaton nach seiner Niederlage auch Boris Becker. „Es ist unheimlich enttäuschend, ein solch wichtiges Spiel so glatt in den Sätzen verloren zu haben, obwohl ich so viele Chancen besaß.

Chancen genutzt

Michael Stich gelang gegen Stefan Edberg kein einziges Break. Dennoch besiegte er den Titelverteidiger in vier Sätzen

Alle Kunststücke halfen David Wheaton nichts. Becker war in den entscheidenden Momenten immer einen Schritt voraus (links).

Beim Rasenplatz-Tennis stehst du unter noch größerem Druck. Die wenigen Chancen muß man nutzen, sonst verliert man. Wie Boris aber bei meinen Breakchancen aufgeschlagen und die Punkte gespielt hat, das war schon unmenschlich."

Zehn Breakmöglichkeiten lagen dem Amerikaner auf dem Schläger, doch nicht eine konnte er in einen Spielgewinn umsetzen. Boris Becker: „Vielleicht bin ich mental wirklich stärker als die anderen." David Wheaton: „Für mich ist Boris Becker auch Titel-Favorit. Er hat ein so dominierendes Service, dazu mehr Erfahrung als Michael." Niki Pilic widersprach: „Das Finale ist völlig offen. Die Erfahrung spricht allerdings für Boris."

Selbst Boris Becker gestand ein, daß ein deutsches Finale in Wimbledon wesentlich höher einzuschätzen sei als die zurückeroberte Weltranglisten-Position als Nummer Eins. „Die Nummer Eins war in Melbourne nach meinem Sieg dort die größte Genugtuung für mich. Es ist nun einmal so im Leben, daß die Zukunft interessanter ist als die Vergangenheit. Ion Tiriac hat es mir nach dem Wheaton-Match in der Kabine mitgeteilt, ich hab' es registriert, wunderbar."

Und während Boris Becker, routiniert wie ein alter Wimbledon-Hase, die üblichen Gänge absolvierte, versuchte jeder Fernsehsender, dem Wesen und Werdegang des Michael Stich noch ein Stückchen näherzukommen. Und sie erfuhren, wie Michael Stich ausgesprochen wird, nicht „Stitsch" und auch nicht „Stick", daß er 22 Jahre ist, Abitur gemacht hat, weil er sich nicht sicher war, sich im harten Profi-Geschäft durchsetzen zu können.

Sie erfuhren weiter, daß er früher Fußballer bei Rasensport Elmshorn war, eine Freundin hat wie fast jeder normale junge Mann, 1986 Deutscher Jugendmeister war, einen Opel fährt und vor zwei Jahren begonnen hatte, „auf die Tour zu gehen". Ferner informierten sie sich darüber, daß er Ende 1990 noch Nummer 42 der Weltrangliste war und nach Wimbledon zumindest Nummer Sechs sein wird, daß er bisher nur einen Turniersieg in Memphis im vergangenen Jahr erreicht hat, in diesem Jahr aber schon die Finalteilnahmen in Adelaide, Sydney, Memphis als Erfolge verbuchen konnte und die Halbfinal-Runden in Key Biscayne, Hamburg und Paris, sein bis dahin größter Erfolg.

Und Michael Stich erzählte, was er in dem Augenblick des Triumphes gespürt und gedacht hatte. Daß er das Gefühl habe, daß das Halbfinale der French Open in Paris schon mehr als sechs Monate vorbei sein müsse und nicht erst drei Wochen, daß man kaum noch Zeit habe, sich über etwas zu freuen. Daß er früher gegen die guten Spieler wie Boris Becker, Stefan Edberg, Andre Agassi und Ivan Lendl immer knapp gescheitert sei und er deshalb vornehmlich an seiner mentalen Verfassung gearbeitet habe. Und er erzählte weiter, daß es frustrierend sowohl für ihn als auch für Stefan Edberg gewesen sei, super aufgeschlagen, aber kaum einen vernünftigen Return ins Feld gebracht zu haben.

Das veranlaßte den amerikanischen Reporter Bill Glauber von „Baltimore Sun" angesichts der dramatischen Ereignisse auf dem Centre Court zwischen 13 und 19.23 Uhr zu einem sarkastischen Kommentar: „Und es drehte sich der Zeiger auf genau 18.32 Uhr, als mein Auge zum ersten Mal im Halbfinale einen ordentlichen Ballwechsel entdeckte."

Es dürfte verständlich sein, daß der Präsident des Deutschen Tennis Bundes diese Abläufe auf dem berühmtesten Centre Court der Welt in der Nachbetrachtung ganz anders gesehen hatte. Dr. Claus Stauder: „Es gibt kaum noch Steigerungsmöglichkeiten für das deutsche Tennis." Auch wahr.

Auf dem Thron

Nach seinem Sieg über David Wheaton stand Boris Becker wieder an der Spitze der Weltrangliste

Glückwünsche: Ein fassungsloser Stefan Edberg gratuliert Michael Stich zum Sieg (links).

SCHON VORFREUDE AUF DAS ENDSPIEL

Steffi Graf und Gabriela Sabatini „schossen" sich ein

Die Briten haben schon so manches erlebt. Man kennt sich hier aus in Sachen Wunder. Ein Ungeheuer hat seinen festen Wohnsitz in einem See in einem kleinen Dorf in Schottland, 1985 siegte ein ungesetzter, erst 17jähriger Rotschopf namens Boris Becker auf dem heiligen Rasen, und in diesem Jahr zwang der anfängliche Dauerregen den Veranstalter, den traditionell spielfreien Sonntag zum Arbeitstag zu machen. Wen hätte es da gewundert, wenn Jennifer Capriati, nachdem sie bereits die neunmalige Gewinnerin Martina Navratilova im Viertelfinale bezwungen hatte, auch noch Gabriela Sabatini besiegt hätte und mit ihren 15 Jahren ins Finale eingezogen wäre?

Zumal die Amerikaner ihren Unabhängigkeitstag feierten und an solchen Tagen Erfolge ihrer Landsleute ganz besonders zu schätzen wissen. Schon früh morgens sah man sie fähnchenschwingend auf den Underground-Stationen. Siegesgewiß, Daumen nach oben, feierten sie schon einmal vor. Denn Vorfreude ist bekanntlich die schönste Freude. Allein Gabriela Sabatini schien wenig für den amerikanischen Patriotismus übrig zu haben. Schließlich wollte sie — und so kam es dann auch — die erste Argentinierin sein, die jemals das Wimbledon-Finale erreicht hat.

6:4 und 6:4 besiegte die schweigsame Argentinierin ihre um sechs Jahre jüngere Gegnerin, die mit ihren 15 Jahren die jüngste Spielerin war, die je in einem Damen-Halbfinale in Wimbledon stand. Auch die stehenden Ovationen nach dem verwandelten Matchball konnten der Amerikanerin über die erste Enttäuschung nicht hinweghelfen. Sie sei sehr zufrieden mit dem Turnier und habe sich den ganz großen Erfolg eben noch für später aufgehoben. Doch der traurige Blick, die zitternde Stimme konnten ihre Enttäuschung nicht verbergen.

Daß Jennifer Capriati über großes Talent verfügt und für ihr Alter in hervorragender körperlicher Verfassung ist, war bereits vorher bekannt. Doch ihre psychische Kraft und der Wille, hier zu siegen und sich durch nichts davon abbringen zu lassen, verblüfften auch die Zuschauer, die hier schon so vieles erlebt hatten.

Die Physis ließ sie dann im Stich und verhinderte, daß sie den Platz als Siegerin verließ. 4:1 bei eigenem Aufschlag führte Gabriela Sabatini im zweiten Satz, als Jennifer Capriati ihr das Service abnehmen konnte, anschließend ihr eigenes gewann und im nächsten Spiel drauf und dran war, ein erneutes Break zu schaffen. Doch die Argentinierin, die noch im Vorjahr an gleicher Stelle an der späteren Siegerin Martina Navratilova gescheitert war, zeigte sich konzentriert und gewann ihren Aufschlag zum 5:3. Als sie wenig später zum Matchgewinn aufschlug, schien beim Stand von 40:0 alles gelaufen zu sein. Doch plötzlich zeigte sie Nerven und machte drei leichte Fehler in Folge. Am Ende verwandelte sie dann doch den dritten Matchball.

Gabriela Sabatini, die noch vor einem Jahr als ewiges Talent galt, bewies, daß sie sich in körperlich und geistig stabiler Verfassung befand. Vergessen

Noch zu früh

Für Jennifer Capriati, die jüngste Spielerin, die je das Halbfinale von Wimbledon erreichte, war Gabriela Sabatini eine Nummer zu groß

Eine nachdenkliche Jennifer Capriati nach der Niederlage gegen Gabriela Sabatini (links).

waren die Zeiten, in denen sie unter der Dominanz einer Steffi Graf gelitten hatte, so daß sie sogar mit dem Gedanken gespielt hatte, ganz mit dem Tennis aufzuhören.

1991 war sie endgültig aus Steffi Grafs Schatten herausgetreten. Elfmal hintereinander hatte sie zu Beginn ihres steilen Aufstiegs gegen die Deutsche verloren. Überhaupt schien ihr bei den ganz großen Turnieren auf der Zielgeraden stets die Luft auszugehen. Vor dem Wimbledon-Turnier 1990 trennte sie sich dann von ihrem Trainer Angel Jimenez und trat unter das Kommando des Brasilianers Carlos Kirmayr. Als Spieler nicht besonders erfolgreich, wurde er jedoch als Sabatinis neuer Trainer zum Glücksgriff. Bereits nach zweimonatiger Zusammenarbeit siegte sie bei den US Open in New York und gewann den ersten Grand-Slam-Titel ihrer Karriere.

Kirmayr habe ihr eine völlig neue Einstellung vermittelt, charakterisierte sie seinen wichtigsten Einfluß auf ihr neues Spiel und Selbstbewußtsein. Sie habe mehr Spaß am Tennis; nicht das Ziel, die Nummer Eins zu sein, stehe im Vordergrund, sondern Freude am Spiel zu haben. Der Erfolg kam von nun an von ganz allein. 44 Spiele hatte sie bis zum Wimbledon-Turnier in diesem Jahr bestritten, lediglich vier davon hatte sie verloren.

Der Streit um die Führungsposition im Damen-Tennis, der nach Sabatinis Tief zu einem Duell zwischen der zweimaligen Wimbledon-Siegerin Steffi Graf und dem jugoslawischen Laufwunder Monica Seles geworden war, hatte sich wieder zu einem Dreikampf entwickelt, der das ohnehin attraktiver gewordene Damen-Tennis neu belebte. Zuletzt hatte Gabriela Sabatini immer gegen Steffi Graf gewonnen, deren private Probleme sie in eine sportliche Krise gestürzt hatten.

Die 22jährige Deutsche, die bereits neunmal bei einem der vier bedeutend-sten Turniere triumphiert und 1988 neben dem Grand Slam noch die olympische Goldmedaille bei den Spielen in Seoul gewonnen hatte, zeigte sich in diesem Jahr wieder von ihrer besten Seite. Ohne Satzverlust war sie in das Halbfinale gekommen und hatte in der Runde der letzten acht Revanche an der farbigen Amerikanerin Zina Garrison genommen, die sie im Vorjahr an gleicher Stelle noch in drei Sätzen am Einzug ins Finale gehindert hatte.

Mary-Joe Fernandez, ihre Gegnerin, stand bereits dreimal zuvor in einem Halbfinale und im vergangenen Jahr sogar im Finale eines Grand-Slam-Turniers, als sie bei den Australian Open gegen Steffi Graf verlor. Nicht zuletzt deswegen ging sie als krasse Außenseiterin in diese Begegnung. Hinzu kam, daß Steffi Graf sich so entschlossen wie nie präsentierte, ihr angeschlagenes Image zurechtzurücken.

Daß die Nummer Zwei der Weltrangliste mit 6:2 und 6:4 siegte, täuschte darüber hinweg, auf welchem Niveau sich diese Partie abspielte. Gleich zu Beginn des ersten Satzes nahm Steffi Graf der in der Dominikanischen Republik geborenen Amerikanerin den Aufschlag ab. Bei ihrem anschließenden eigenen Service kam es neunmal zum Einstand, ehe die hagere 19jährige ein Rebreak erreichte. Steffi Graf gelangen anschließend zwei weitere Breaks, ehe sie die erste Gelegenheit zum Satzgewinn ergriff.

Im zweiten Durchgang war es Mary-Joe Fernandez, die die Initiative ergriff und ihre Gegnerin über den Platz trieb, um anschließend am Netz den Punkt meistens für sich zu entscheiden. Die Folge war der Aufschlag-Durchbruch zum 2:1. Doch in dieser Phase bewies die Deutsche ihr zurückgewonnenes Selbstvertrauen. Nun ließ sie den Schützling von Boris Beckers Manager Ion Tiriac nicht mehr zur Ruhe kommen. Steffi Graf, die stets unter hoher Spannung steht, den nächsten Ball-

Sabatinis Wandel

Nach ihrem Trainerwechsel im vergangenen Jahr ist Gabriela Sabatini aus dem Schatten Steffi Grafs herausgetreten

Als erste Argentinierin erreichte Gabriela Sabatini das Finale von Wimbledon (links).

wechsel kaum erwarten kann und sich selbst immer zur Eile anhält, als spiele die Zeit eine entscheidende Rolle, hatte ihren Rhythmus gefunden und ließ sich nach einem erneuten Break den Sieg nicht mehr nehmen.

Steffi Graf schirmte sich selten zuvor so ab wie in diesen Tagen. Sie blieb stets zu Hause, während die Familie zum Essen ging, stürmte von den Nebenplätzen, von den Stewards abgeschirmt, in die Kabine. Vorbei an den Autogrammjägern, Fotografen und Journalisten. Kein Blick nach rechts, kein Blick nach links. Das Ziel fest im Visier. Wie auf dem Platz. Die vergangenen Monate hatten sie reizbar gemacht in bezug auf Einflüsse von außen. Der Gefahr, daran zu scheitern, wollte sie sich nicht aussetzen. Ohne Emotionen, kurz und knapp, tat sie lästige Fragen von neugierigen Journalisten ab, die nachher kaum mehr als zuvor wußten. Zu wichtig war der Erfolg hier. Zuviel hing vom Gelingen dieses Unternehmens ab.

Der Druck lastete nun auf beiden. Gabriela Sabatini mußte nun beweisen, daß sie auch bei großen Ereignissen in der Lage ist, große Gegnerinnen zu besiegen. Steffi Graf indes war den Beweis schuldig, wieder dort zu stehen, wo sie sich selbst am liebsten sieht: ganz oben.

Die Erfahrung sprach vor diesem Finale für die Deutsche. Bereits dreimal stand sie zuvor an jenem für die Damen wichtigsten Sonnabend im Jahr auf dem Centre Court, der schaulustigen Menge ausgesetzt, die mit Zwischenrufen und anderen Mitteln ihre Favoriten zum Sieg treiben will. Vor dieser Probe stand nun die 21jährige Argentinierin. Vier Jahre älter als Steffi Graf bei ihrem ersten Finalauftritt. Vier Jahre erfahrener und schon durch so manches Tief gegangen. Sie hatte Qualitäten gezeigt, die früher Schwächen waren, die sie an dem ganz großen Erfolg zu hindern drohten. Nun war aus einem einstmals einseitigen Match eine offene Angelegenheit geworden.

Wieder oben auf

Nach einem enttäuschenden Jahr präsentierte sich Steffi Graf wieder psychisch und physisch gefestigt

Auf dem Weg nach vorn: Mary-Joe Fernandez bei einem Rückhandvolley (links).

139

DIE SENSATION PERFEKT GEMACHT

Michael Stich triumphierte über Boris Becker

„Game, Set and Match — Becker!" John Bryson, Polizist aus Essex, verkündete das so einfach durch sein Mikrofon. Ein Fehler, ja, wahrscheinlich wird man dem Schiedsrichter diesen Lapsus nicht verzeihen, daß er den falschen Mann um 16.42 Uhr Ortszeit von seinem Stuhl aus zum Sieger erklärte. Der brave Polizeimeister hatte vermutlich einfach nur der Gewohnheit nachgegeben. Der Name Becker rutscht den meisten im Wimbledon doch flüssiger heraus als der Name Stich, schließlich stand Boris Becker in den letzten sieben Jahren zum sechsten Mal im Finale. Zweifellos ziemlich häufig. Boris Becker gewann dreimal, war auch diesmal Favorit. Die 13000 Zuschauer merkten den Versprecher gar nicht, Michael Stich schon gar nicht, der junge Mann, der soeben den wichtigsten Vorhand-Return seines Lebens geschlagen hatte, kniete wie der junge Björn Borg anno dazumal auf dem Rasen, den Oberkörper weit nach hinten gebogen, die Arme jubelnd in der Luft.

Gestatten, der neue Wimbledon-Sieger. Name: Michael Stich. Geboren: 18. Oktober 1968 in Pinneberg. Verheiratet: Nein. Eltern: Gertrud Stich, Detlef Stich. Geschwister: Thorsten (29), Andreas (24). Wohnort: Ernst-Barlach-Str. 44, D-2200 Elmshorn. Verein: MTTC Iphitos München. Profi: Seit 1988. Schulbildung: Abitur. 100 Meter: 11,4 Sek. 1000 Meter: 2:51,00 Min. Hobby: Golf (Handicap 23), Lesen, Musik hören. Musik: Ganze Bandbreite von Hardrock bis Popmusik. Lieblingsschauspieler: Clint Eastwood. Lieblingsbuch: „Die Entdeckung der Langsamkeit" (Nadolny). Lieblingsstadt: London. Management-Gruppe: Marc Biver Development (Neuchâtel/Schweiz). Marktwert: 10 Millionen Dollar/Jahr.

Boris Becker, der soeben 4:6, 6:7, 4:6 verloren hatte, marschierte langsam Richtung Netz, stieg drüber, nahm den heraneilenden Michael Stich in die Arme. Beide drückten sich, und Michael Stich meinte hinterher, dies sei eine wunderbare Geste gewesen, dies zeige auch, welch eine Persönlichkeit Boris Becker wäre. „Der Sieg wurde dadurch noch schöner für mich." Boris Becker: „Ich hatte in diesem Moment das Bedürfnis; schließlich hat er mich dort geschlagen, wo ich zu Hause bin."

Besser serviert, besser returniert, ruhiger gespielt — so die drei Schlagworte in der Kurzfassung der Urteilsbegründung des deutschen Teamchefs Niki Pilic. Boris Becker sei mehr als erwartet nervös und psychisch müde gewesen, hätte sich von dem Aufschlagverlust gleich im allerersten Spiel nie wieder erholt. „Und ich habe immer gesagt, daß Michael ein riesiges Potential besitzt und alle schlagen kann. Das bedeutet aber nicht, daß Michael ein besserer Spieler als Boris ist. Ich bin sehr, sehr stolz auf beide Spieler."

An dem Tag, als der Wimbledon-Sieg zum ersten Mal in der Geschichte unter zwei Deutschen ausgespielt wurde, war Michael Stich der eindeutig bessere Spieler. Boris Becker: „Michael ist sehr cool gestartet, nahm mir gleich mit sehr guten Schlägen das Aufschlagspiel ab, von da an war es schon nicht leicht für mich. Michael stand nie unter

Zweiter Deutscher

Durch seinen Finalsieg über Boris Becker trug sich Michael Stich als zweiter Deutscher in die Siegerliste Wimbledons ein

Unüberwindbar präsentierte sich Michael Stich im Finale (links).

141

Druck, hatte nichts zu verlieren, hat immer an sich geglaubt und konsequent sein Spiel durchgezogen."

Der dreimalige Champion meinte weiter: „Ich besaß heute keine Siegchance, es war mir schon während des zweiten Satzes klar, daß ich nicht gewinnen kann, wenn er keine großen Fehler macht. Michael war in diesen beiden Wochen der Beste hier, hat Stefan Edberg und mich geschlagen, ist einer der wenigen Profis im Circuit, die das Spiel und die Intuition für Grasspiel haben, er hat absolut verdient den Wimbledon-Titel gewonnen."

Dann kam die Frage an den Verlierer: „Und Sie, was war mit Ihnen?" Boris Beckers Antwort: „Heute hatte ich von Beginn an das Gefühl, nicht im Match zu sein. Ich konnte keinen der wichtigen Punkte gewinnen und besaß keine Energie, dies zu ändern. Bei einem Wimbledon-Finale spielt Taktik keine Rolle, das ist eine mentale Auseinandersetzung. Und genau in diesem Punkt konnte ich nie meinen normalen Standard erreichen, geistig war ich einfach zu müde, total erschöpft. Ich mußte ein Spiel zuviel in der zweiten Woche machen. Dies hat natürlich auch mit den Spielansetzungen zu tun. Wenn man ständig am Ende der Liste steht, muß man den ganzen Tag hochkonzentriert sein, nicht erst eine Stunde vor dem Match. Und weil ich müde war und die Oberschenkelverletzung immer noch nicht ausgestanden ist, konnte ich beim Aufschlag nicht richtig abspringen, war ich nie schnell genug am Netz und stand an der Grundlinie selten richtig zum Ball."

Präzise Analysen von Boris Becker, auf den Punkt richtig kommentiert. Michael Stich schlug wie schon gegen Jim Courier im Viertelfinale und Stefan Edberg im Halbfinale auch gegen Boris Becker zweieinhalb Stunden lang konsequent hart auf (15 Asse und 36 Service-Punkte), beantwortete die beiden eigenen Aufschlagverluste im ersten und zweiten Satz direkt mit Rebreaks (zum 4:3 und 2:3). Und schon zwei weitere Breaks brachten den Triumph.

Michael Stich: „Es war wichtig für mich, Boris gleich den Aufschlag abnehmen zu können. Er hatte dieses erste Spiel zu leicht genommen, nicht mit der gewohnten Härte serviert. Ich hatte heute das Gefühl, daß mir alles gelingen würde, und Boris wußte nicht, was er machen sollte. Hinterher war er frustriert, schimpfte mit sich selbst herum, was mir natürlich noch mehr Selbstvertrauen gegeben hat."

Das Spiel war gelaufen, Boris Becker saß regungslos auf seinem Stuhl, Michael Stich schwenkte den Pokal in alle Richtungen, Vater Detlef Stich filmte diese Szenen in der Ehrenloge mit der rechten, jubelte mit der linken Hand. Der Familien-Clan, mit Kind und Kegel aus Elmshorn angereist, war total aus dem Häuschen. Nach der Siegerehrung hasteten die Stich-Eltern Gertrud und Detlef direkt zum Flughafen. Gertrud Stich: „Wir müssen doch morgen alle wieder arbeiten." Michael Stich: „Vater war die ganze Woche wegen Grippe krankgeschrieben, muß morgen wieder seinen Beruf ausüben."

Boris Becker blieb allein. Sein Trainer Thomas Smid, der sich während des Matches immer wieder hilfesuchend Richtung Ion Tiriac umgedreht hatte und von dort nur Schulterzucken zu sehen bekam, war aus der Ehrenloge gestürmt. Als Boris Becker um 18.30 Uhr allein das deutsche Haus in der Burghley Road 16 betrat, nahm ihn Davis-Cup-Teamchef Niki Pilic freundschaftlich in Empfang. „Ich würde dich heute abend gern zum Abendessen einladen, Boris."

Der dreimalige Wimbledon-Champion sah müde aus, er fühlte sich hohl, einfach leer. Ein paar Cornflakes, ein paar Erdbeeren, Pasta mit Spinat, alles ging ganz langsam. Urlaub? Ja, vielleicht, er wisse nicht, er wisse eigentlich noch gar nicht, was er jetzt machen

Chancenlos

Schon während des zweiten Satzes habe er nicht mehr an den Sieg geglaubt, erklärte Boris Becker

Ein ratloser Boris Becker beim Hemdenwechsel (links).

werde. Boris Becker hängte sich mit seiner ganzen Größe in die rechte Couchecke, die Gedanken aber waren ganz weit weg, irgendwo und nirgends. Frage: „Was wird jetzt in Michael Stich vorgehen, Sie haben es 1985 gespürt?"

Boris Becker mit einem leichten Grinsen: „Michael ist jetzt ein sogenannter Star. Sein Leben wird nie mehr so sein wie vorher. Er wird das jetzt noch nicht realisieren, in ein paar Jahren vielleicht. Es ist nicht alles Gold, was glänzt. Michael wird eine ganze Zeitlang auf Wolke sieben schweben, das ist normal, und er verdient das auch. Aber in ein paar Wochen, wenn er zur Landung zurück auf die Erde ansetzt, sollte er erkannt haben, daß es nur ein Tennis-Match war und nicht der Himmel auf Erden."

Michael Stich kam, pünktlich um 19.30 Uhr. Er war zur Gesprächsrunde mit deutschen Journalisten verabredet, erblickte in der anderen Ecke Boris Becker. „Sollen wir uns gegenseitig Fragen stellen? Wäre doch toll." Man spürte den Respekt der beiden voreinander, sie hatten in der Kabine vor dem Finale geredet, sich vor den Halbfinalspielen geschworen, Wimbledon erstmals ein rein deutsches Endspiel zu bieten. Boris Becker blieb auch diesmal, hörte sich die Antworten von Michael Stich an.

Natürlich wisse er, daß sich das Leben verändern werde, er glaube aber, darauf vorbereitet zu sein. Kühl und überlegt gab Michael Stich seine Antworten, genauso kühl und sachlich hatte er die letzten Tage auf dem Centre Court seine Karten ausgespielt, den Amerikaner Jim Courier besiegt, den schwedischen Titelverteidiger Stefan Edberg entthront, die neue Nummer Eins, Boris Becker, bezwungen — in kürzester Zeit also einen Triumph an den anderen gereiht. Michael Stich, der Selbstbewußte, der Souveräne, der seinen Weg gerade vorgezeichnet sieht, der seine Sätze mit dem Ausrufezeichen enden läßt, nie mit einem Fragezeichen. Was bleibt hängen, wenn ihn Leute arrogant nennen?

Der Wimbledon-Sieger 1991: „Ich bin überzeugt, daß mich die Menschen, die mich wirklich kennen und auf deren Meinung ich großen Wert lege, nicht so einschätzen. Das zählt für mich, nichts anderes."

Ausrufungszeichen. Ich, Michael Stich, ehemals Fußballer bei Rasensport Elmshorn und bei Lieth, bestimme mein Leben selbst. Das ungefähr soll seine Aussage bedeuten. Er wollte nach dem Abitur Profi werden, die Eltern hatten Bedenken, Michael Stich wurde Profi. Ganz erfolgreich, wie man jetzt weiß. Er fand einige Dinge nicht richtig in der Spielerorganisation ATP, also ließ er sich in das Sprecher-Gremium der ATP wählen. „Ich weiß, wie es den Spielern geht, wenn sie unbekannt sind, und ich weiß, wie sie behandelt werden, wenn sie oben sind."

Er werde privat und beruflich weiter eine klare Linie verfolgen. Michael Stich: „Ich werde immer meine Meinung sagen, auch wenn ich jetzt noch mehr anecken werde als vorher. Aber das nehme ich in Kauf. Außerdem werde ich mir meine kleine Welt erhalten und sie vehement verteidigen."

„Wenn Sie im Tennisbereich etwas verändern könnten, was würden Sie ändern?" Michael Stich: „Ich würde die Power-Rackets verbieten, die Schläger mit Hochprofil-Rahmen. Diese Schläger haben Touch, Technik und Finesse im Spiel unbedeutend gemacht." „Wenn Sie jetzt machen könnten, was Sie wollten, was würden Sie jetzt tun?" Michael Stich: „Ich würde auch dann zum Championsdinner gehen. Das gehört zu Wimbledon einfach dazu."

Aufbruch im deutschen Haus. „Boris, ich wollte dir noch zur Nummer Eins gratulieren." Ob dieser Michael Stich, neue Nummer Vier der Weltrangliste, überhaupt zu diesem Zeitpunkt wußte, was er alles angerichtet hatte?

Sieger mit Bildung

Als Boris Becker 1985 seinen ersten Wimbledon-Titel gewann, saß Michael Stich noch auf der Schulbank und arbeitete an seinem Abitur

Deutsche Wiedervereinigung: Nach dem Matchball umarmten sich die beiden, die kurz zuvor noch erbitterte Gegner waren, freundschaftlich (links).

EIN GANZ BESONDERER SIEG

Steffi Grafs dritter Triumph fiel aus dem Rahmen

Steffi kennt die Prozedur. Pokal hochhalten, strahlen für die Fotografen, winken zum Publikum. 58 Turniersiege sind wie 58 Ehejahre, man freut sich über jedes weitere Jahr, man geht schnell darüber hinweg, der alltägliche Ablauf holt einen ein, Routine eben. Der 59. Turniersieg von Steffi Graf, der dritte Triumph in Wimbledon, war ein Ausreißer aus der Serie der Normalitäten. Die 13000 Fans auf dem Centre Court spürten diesen Moment, die Weltranglisten-Zweite genoß die Minuten nach dem Matchball, sie empfand das Glücksgefühl dieses Sieges besonders intensiv.

Es war so, als fielen nach dem dramatischen 6:4, 3:6, 8:6 gegen Gabriela Sabatini zentnerschwere Lasten von Steffis Schultern, ihre Augen blitzten spitzbübisch, kaum jemand hatte sie in den letzten Monaten so herzlich lachen sehen. Steffi Graf scherzte mit Chairman John Curry, lächelte hoch zur königlichen Loge, wo Prinzessin Diana und Thronfolger Prinz William ihr die Daumen gedrückt hatten, nicht nur deshalb, weil Steffi Graf beiden Herrschaften in einem Telefonat ein paar Tage vor dem Finale Trainerstunden versprochen hatte. Strahlend stand die 22jährige Deutsche mit dem Pokal in den Händen da. Das war ihr Tag, langersehnt.

„Nach meinem ersten Wimbledon-Sieg 1988 und meinem ersten Erfolg bei einem Grand-Slam-Turnier 1987 in Paris empfinde ich diesen Titel als meinen schönsten Erfolg. Rein gefühlsmäßig ist er mir noch wichtiger als der Grand Slam von 1988, denn die Freude darüber hab' ich erst viel später gefühlt. Diesen Wimbledon-Sieg genieße ich dagegen jetzt schon intensiv, er bedeutet mir sehr, sehr viel."

Ungewohnte Einblicke in das Seelenleben von Steffi Graf, die ansonsten sehr introvertiert und sehr darauf bedacht ist, ganz persönliche Dinge als letztes bißchen Privatsphäre möglichst abzukapseln.

„Ich bin ganz verrückt darauf, nach vier Wochen London endlich wieder heimzukommen. Ich bin richtig kribbelig. Ich brauche das jetzt, morgen früh schauen wir uns Mike beim Rennen an und kommen dann alle zum Championsdinner am Abend wieder nach London zurück."

Mike, das ist Steffis Bruder Michael (20), der gerade sein Abitur bestanden hat und am Nürburgring sein drittes Autorennen in der Opel-Lotus-Challenger-Klasse absolvierte. Schnell noch ein Glas Champagner mit den Eltern auf der Veranda der gemieteten Villa für das deutsche Fernseh-Team, der Fahrer packte in der Zwischenzeit die Utensilien von vier Wochen Wimbledon ins Auto, am Flughafen wartete schon das Privatflugzeug. Steffi lachend: „Ich weiß auch noch nicht genau, was ich jetzt eigentlich haben will, Ruhe oder Hektik. Zur Zeit tendiere ich zur Hektik."

Welche Gedanken werden Steffi Graf über den Wolken durch den Kopf gegangen sein? Vielleicht die Vorstellung, wie es gewesen wäre, wenn sie die schlechten Monate seit Mai 1990 — persönlich und sportlich — nicht gehabt hätte. Vielleicht aber auch die Erkenntnis, daß Krisen im Leben ihre positiven

Comeback

Nach einem Jahr voller Rückschläge stand Steffi Graf in Wimbledon endlich wieder ganz oben

Der Triumphator verläßt das Feld des Sieges: Überraschungssieger Michael Stich und Verlierer Boris Becker auf dem Weg in die Kabine (Seite 146/147).

Gabriela Sabatini, vom Kampf gezeichnet, bei einer Vorhand (links).

Aspekte haben können, wenn man die richtigen Konsequenzen zieht. Steffi Graf: „Die Zeit war hart für mich, und es gab kurze Momente, wo ich mich gefragt habe, warum das alles."

Steffi Graf setzte ihre Gedanken fort: „Ich habe nach wie vor großen Spaß am Tennis. Ich bin auch noch nie jemand gewesen, der sagt, alles sei perfekt, alles sei super." Ihre Spielanalyse zum Finale gegen Gabriela Sabatini fiel sehr nüchtern aus: „Positiv ist, daß ich nach einer Zeit, in der ich viele Spiele knapp verloren habe, ein ebenso knappes Finale bei einem großen Turnier für mich entscheiden konnte. Das wird mir in den nächsten Wochen sehr helfen. Das Niveau des Spieles war allerdings sicherlich nicht oberster Standard."

Man kannte sich eben, schon das halbe Leben lang. 29 Spiele hatten Steffi Graf und Gabriela Sabatini vor dem Wimbledon-Finale gegeneinander absolviert, es gab die gemeinsame Doppel-Zeit mit dem Wimbledon-Sieg 1988 als Höhepunkt. Wie sollten sich da noch Überraschungen ergeben? Das Traumfinale entwickelte sich deshalb auch zu einer rein taktischen Auseinandersetzung und reduzierte sich zum Ende hin zu einem dramatischen Kampf mit den eigenen Nerven.

Nach klaren Vorteilen im ersten Satz verlor Steffi Graf in den nächsten beiden Sätzen sechsmal ihr Service, mehr Aufschlagspiele, als in den sechs Spielen zuvor. Steffi Graf: „Ich habe den Ball einfach nicht mehr getroffen, das Timing war plötzlich weg. Zum Schluß war ich so frustriert, daß ich den Ball nur noch ins Feld bringen wollte."

Schon auf der Siegspur im zweiten und auch im dritten Satz, weil Gabriela Sabatini gleich zu Beginn jeweils ihr Aufschlagspiel verlor, ließ sich Steffi Graf durch den taktischen Fehler, ihren Aufschlag wie gewohnt mit hohem Risiko zu servieren, unter Druck setzen. Kaum ein erstes Service gelang, das zweite attackierte Gabriela Sabatini so-

fort, Steffi Graf verlor die Kontrolle über das Match. So kam, was kommen mußte: Verlust des 2. Satzes (3:6), Break zum 4:5 im entscheidenden Satz. Gabriela Sabatini schlug zu ihrem ersten Wimbledon-Sieg auf. Steffi Graf: „Als ich von meinem Stuhl aufstand, hatte ich nicht unbedingt das Gefühl, es noch packen zu können. Ich nahm mir vor, möglichst oft mit der Vorhand spielen zu können, und als ich gleich den ersten Returnpunkt machte, da schoß plötzlich der Gedanke durch meinen Kopf: Okay, das schaffst du jetzt noch."

Steffi Graf holte sich das nötige Break (5:5), verlor wieder ihren Aufschlag (5:6), nahm dann Gabriela Sabatini nochmals deren Service ab (6:6), brachte ihren Aufschlag durch (7:6) und verwandelte nach 127 Minuten bei Aufschlag Sabatini mit einem Vorhand-Return den ersten Matchball (8:6).

Gabriela Sabatini, die zum ersten Mal das Wimbledon-Finale erreicht und in den letzten fünf Spielen Steffi Graf besiegt hatte: „Zwei Punkte gaben den Ausschlag für Steffi, der eine war bei 6:5 und 30:30, als Steffi nach einem atemberaubenden Ballwechsel am Netz schon geschlagen schien, aber meinen Stop noch erreichte. Der zweite, als mein Rückhand-Passierball bei 6:7 und 30:15 in mein Feld zurückfiel. Aber so ist das eben, Glück und Pech liegen eng zusammen. Aber schließlich ist Steffi Graf eine große Spielerin."

Klaus Hofsäß, deutscher Federation-Cup-Teamchef: „Das war der wichtigste Sieg in Steffis Karriere." Und noch einmal die Siegerin: „ Wimbledon war mein Ziel in diesem Jahr, nächstes Jahr strebe ich wieder die Nummer Eins in der Weltrangliste an."

Und Gabriela Sabatini? Sie saß am nächsten Morgen allein am Frühstückstisch ihres Hotels, der Agent ihrer Management-Gruppe brachte etwas zum Unterschreiben, dann war Südamerikas bekannteste Sportlerin wieder allein. That's life.

Nervenstärke

Zweimal im dritten Satz schlug Gabriela Sabatini zum Matchgewinn auf, doch Steffi Graf konnte die drohende Niederlage abwenden

Wimbledon-Siegerin Steffi Graf schreit ihre Freude und Erleichterung heraus (links).

151

IM SCHATTEN
DER EINZEL
Doppel-Wettbewerbe interessieren nur noch am Rande

77 Spiele

Schultz/Schapers benötigten in der ersten Runde des Mixed-Wettbewerbs ein 29:27 zum Gewinn des entscheidenden Satzes

Irgendein Rekord wird in Wimbledon immer gebrochen. Die Engländer sind die ungekrönten Statistik-Könige, und bei einem Ereignis mit 115jähriger Tradition — wie diesen Championships — gibt die Statistik schon was her. Fast könnte man den Eindruck gewinnen, daß manche Wettbewerbe auf den Rasenplätzen des All England Lawn Tennis and Croquet Clubs nur ausgetragen werden, damit es noch mehr Anlaß zur Erfassung statistischen Zahlenmaterials gibt. Dies betrifft insbesondere die Doppel-Konkurrenzen.

In diesem Jahr waren die Niederländer Brenda Schultz und Michiel Schapers ein Fall für die Statistik. Sie plagten sich viereinhalb Stunden gegen ihren Landsmann Tom Nijssen und dessen Partnerin Andrea Temesvari aus Ungarn, ehe sie endlich die zweite Runde des Mixed-Wettbewerbs erreicht hatten. In viereinhalb Stunden kann man von Düsseldorf nach Nürnberg fahren oder auf die Kanarischen Inseln in Urlaub fliegen oder bequem eine komplette Golfrunde über 18 Löcher spielen. Aber nicht die Zeit, die die beiden wackeren Holländer benötigten, sondern das Ergebnis geht in die Annalen ein. Das Fräulein Schultz und der Herr Schapers gewannen dieses Match von epischer Länge mit 6:3, 5:7, 29:27. Das sind insgesamt 77 Spiele, die vor den Augen eines staunenden Publikums absolviert wurden — ein neuer, stolzer Rekord.

Ein anderer „Rekord" ist rund ein Jahrzehnt alt: 1980 gelang es erstmals in der Geschichte dieses Turniers einem Geschwister-Paar, den Titel im gemischten Doppel zu erobern. Dieser für die Statistik völlig neue Fall ereignete sich, als die Amerikaner Tracy und John Austin das Endspiel gegen die Australier Mark Edmondson und Dianne Fromholtz gewannen. Daß Ehepaare tunlichst kein Mixed miteinander spielen sollten, gilt in jedem Club als Binsenweisheit — wegen der Gefahr einer tiefen Ehekrise, die solches Tun hervorrufen kann.

Die Engländer Kitty und L. Godfree wagten es dennoch — und gewannen. 1926 setzten sie sich gegen zwei Amerikaner namens Kinsey und Brown durch. Vorher und nachher hat es ihnen kein Ehepaar gleichgetan — vermutlich aus den bekannten Gründen. Und Geld, mit dem sie die gemeinsame Haushaltskasse hätten aufbessern können, war seinerseits auch noch nicht im Spiel. So waren sie lediglich ein Fall für die Statistik, die — wie gesagt — in England sehr viel gilt.

Deswegen darf Kitty Godfree, die das Einzel 1924 unter ihrem Mädchennamen McKane und 1926 noch einmal gewann, auch jedes Jahr die Endspiele in der königlichen Loge verfolgen. Sie ist 95 Jahre alt und längst Witwe. Ihr Mann ist in die Geschichte des Turniers eingegangen als jener Spieler, der 1922 — nach dem Umzug des Clubs von der Worple zur Church Road — den ersten Aufschlag auf dem neuen Centre Court machen durfte. Er war sich der historischen Bedeutung des Augenblicks voll bewußt, hob den Ball auf, steckte ihn in die Tasche, nahm ihn mit nach Hause und bewahrte ihn an einem Ehrenplatz auf, bis er zerfiel.

Aber zurück zu den Doppel-Wettbewerben, die heute eine ganz andere Bedeutung haben als ehedem. Stars wie Lewis Hoad, Ken Rosewall, Neale Fraser, Roy Emerson, Fred Stolle, John Newcombe bis hin zu den modernen Helden wie Jimmy Connors, Ilie Nastase oder John McEnroe maßen dem Spiel zu zweit — bei aller Wertschätzung des Ruhms, der im Einzel zu ernten war — noch Bedeutung bei. Das gleiche galt für die Damen Maria Bueno, Althea Gibson, Margaret Court, Billie Jean King, Chris Evert und Martina Navratilova.

Doch nach Einführung des Profi-Tennis setzte sich immer mehr das Spezialistentum durch. Die wirklich guten Spieler konzentrieren sich ganz oder in erster Linie auf das Einzel, wo neben Ruhm vor allem das große Geld winkt. Diejenigen, die an die großen Titel nicht herankommen, halten sich im Doppel schadlos — unter Ausschluß der Öffentlichkeit fast, aber nach dem Motto: Mühsam ernährt sich das Eichhörnchen. Bezeichnend ist in dem Zusammenhang, daß von den Stars, die im Einzel gesetzt waren und somit zum engsten Favoritenkreis gehörten, lediglich vier — Michael Stich, John McEnroe, Goran Ivanisevic und Jim Courier — auch am Doppel-Wettbewerb teilnahmen. Mit mäßigem Erfolg allerdings, denn im Viertelfinale war keiner von ihnen mehr im Rennen. Das Doppel ist zur Einnahmequelle der Zweitklassigen verkümmert.

Nicht ganz so drastisch stellt sich die Lage bei den Damen dar, aber es fällt doch auf, daß die beiden, die letztlich im Finale um den Einzel-Titel kämpften, im Doppel Enthaltsamkeit übten. Dabei haben Steffi Graf und Gabriela Sabatini 1988 sogar noch gemeinsam den Wimbledon-Titel erobert. Jetzt gehen sie getrennte Wege, und Steffi Graf gönnte sich lediglich das Vergnügen, mit dem französischen Spaßvogel Henri Leconte ihr Taschengeld im Mixed aufzubessern. Die beiden gewannen zwei Spiele, doch als das Einzel in die entscheidende Phase ging und Steffis ganze Konzentration erforderte, überließen sie den Kanadiern Glenn Michibata und Jill Hetherington den Sieg, ohne darüber besonders betrübt zu sein.

Beliebt sind die Doppel-Konkurrenzen auch bei jenen — insbesondere weiblichen — Stars, die gern auf Rekordjagd gehen und sich in der Statistik verewigen möchten. So fügte die Amerikanerin Billie Jean King ihren sechs Einzel-Titeln noch derer zehn im Doppel und vier im Mixed hinzu, womit sie auf die stolze Zahl von insgesamt 20 Titeln kommt. Sie benötigte dafür 18 Jahre und löste 1979 ihre Landsmännin Elizabeth Ryan ab, die es zwischen 1919 und 1932 im Doppel und im Mixed auf 19 Titel gebracht hatte. Die alte Dame erlebte es nicht mehr, daß ihr Rekord gelöscht wurde. Sie starb wenige Tage, bevor Billie Jean King an ihre Stelle trat. Nun ist Martina Navratilova der Rekordhalterin auf den Fersen. Ihren neun Einzel-Titeln fügte sie bereits sieben im Doppel und einen im Mixed hinzu.

Die Endspiele der drei Doppel-Konkurrenzen lieferten keinen weiteren Stoff mehr für die Rekord-Statistik. Für die Nachwelt bleibt lediglich festzuhalten, daß sich im Damen-Doppel Larissa Savchenko/Natalia Zvereva (UdSSR) mit 6:4, 3:6, 6:4 gegen Gigi Fernandez/Jana Novotna (USA/CSFR), im Herren-Doppel John Fitzgerald/Anders Jarryd (Australien/Schweden) mit 6:3, 6:4, 6:7, 6:1 gegen Javier Frana/Leonardo Lavalle (Argentinien/Mexiko) und im Mixed John Fitzgerald/Elizabeth Smylie (Australien) gegen Jim Pugh/Natalia Zvereva (USA/UdSSR) mit 7:6, 6:2 durchsetzten.

Oder ist es vielleicht doch ein Fall für die Statistik, daß erstmals zwei sowjetische Spielerinnen auf dem „geheiligten Rasen" triumphierten?

Spezialisten

In den Doppelwettbewerben halten sich heute meistens die weniger guten Spieler schadlos

Wiedersehen alter Bekannter: Zum dritten Mal empfing Steffi Graf die Siegestrophäe aus den Händen der Herzogin von Kent (Seite 152/153).

Gratulation für die Mixed-Sieger John Fitzgerald/Elizabeth Smylie (Seite 156/157).

Ergebnisse Herren-Einzel

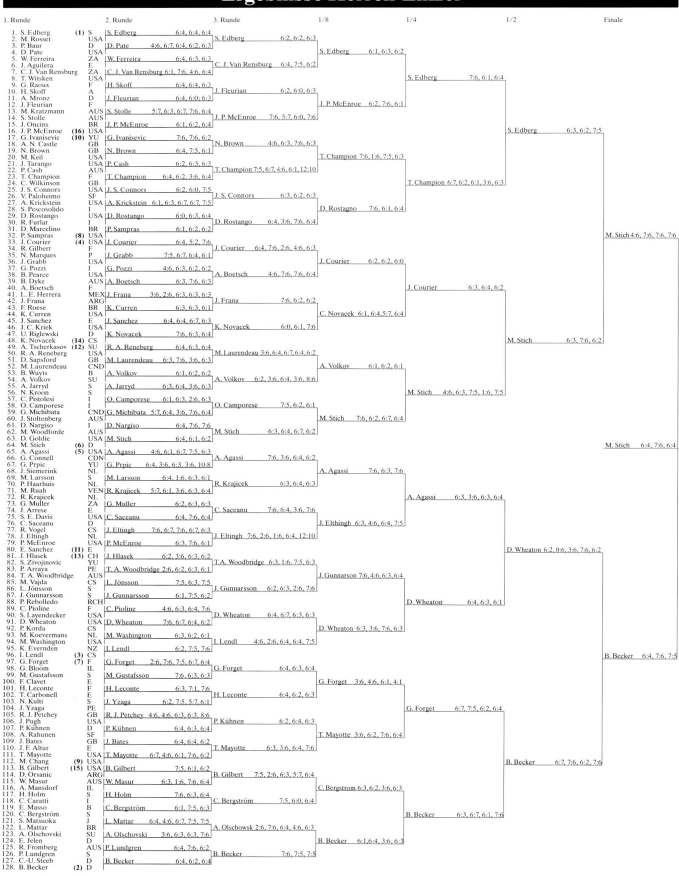

1. Runde	2. Runde	3. Runde	1/8	1/4	1/2	Finale

1. S. Edberg (1) S
2. M. Rosset USA
— S. Edberg 6:4, 6:4, 6:4
3. P. Baur D
4. D. Pate USA
— D. Pate 4:6, 6:7, 6:4, 6:2, 6:3
— S. Edberg 6:2, 6:2, 6:3
5. W. Ferreira ZA
6. J. Aguilera E
— W. Ferreira 6:4, 6:3, 6:3
7. C. J. Van Rensburg ZA
8. T. Witsken USA
— C. J. Van Rensburg 6:1, 7:6, 4:6, 6:4
— C. J. Van Rensburg 6:4, 7:5, 6:2
— S. Edberg 6:1, 6:3, 6:2
9. G. Raoux F
10. H. Skoff A
— H. Skoff 6:4, 6:4, 6:3
11. A. Mronz D
12. J. Fleurian F
— J. Fleurian 6:4, 6:0, 6:3
— J. Fleurian 6:2, 6:0, 6:3
13. M. Kratzmann AUS
14. S. Stolle AUS
— S. Stolle 5:7, 6:3, 6:7, 7:6, 6:4
15. J. Oncins BR
16. J. P. McEnroe (16) USA
— J. P. McEnroe 6:1, 6:2, 6:4
— J. P. McEnroe 7:6, 5:7, 6:0, 7:6
— J. P. McEnroe 6:2, 7:6, 6:1
— S. Edberg 7:6, 6:1, 6:4
17. G. Ivanisevic (10) YU
18. A. N. Castle GB
— G. Ivanisevic 7:6, 7:6, 6:2
19. N. Brown GB
20. M. Keil USA
— N. Brown 6:4, 7:5, 6:1
— N. Brown 4:6, 6:3, 7:6, 6:3
21. J. Tarango USA
22. P. Cash AUS
— P. Cash 6:2, 6:3, 6:3
23. T. Champion F
24. C. Wilkinson GB
— T. Champion 6:4, 6:2, 3:6, 6:4
— T. Champion 7:5, 6:7, 4:6, 6:1, 12:10
— T. Champion 7:6, 1:6, 7:5, 6:3
— S. Edberg 6:3, 6:2, 7:5
25. J. S. Connors USA
26. V. Paloheimo SF
— J. S. Connors 6:2, 6:0, 7:5
27. A. Krickstein USA
28. S. Pescosolido I
— A. Krickstein 6:1, 6:3, 6:7, 6:7, 7:5
— J. S. Connors 6:3, 6:2, 6:3
29. D. Rostagno USA
30. R. Furlar I
— D. Rostagno 6:0, 6:3, 6:4
31. D. Marcelino BR
32. P. Sampras (8) USA
— P. Sampras 6:1, 6:2, 6:2
— D. Rostagno 6:4, 3:6, 7:6, 6:4
— D. Rostagno 7:6, 6:1, 6:4
— T. Champion 6:7, 6:2, 6:1, 3:6, 6:3
33. J. Courier (4) USA
34. R. Gilbert F
— J. Courier 6:4, 5:2, 7:6
35. N. Marques P
36. J. Grabb USA
— J. Grabb 7:5, 6:7, 6:4, 6:1
— J. Courier 6:4, 7:6, 2:6, 4:6, 6:3
37. G. Pozzi I
38. B. Pearce USA
— G. Pozzi 4:6, 6:3, 6:2, 6:2
39. B. Dyke AUS
40. A. Boetsch F
— A. Boetsch 6:3, 7:6, 6:3
— A. Boetsch 4:6, 7:6, 7:6, 6:4
— J. Courier 6:2, 6:2, 6:0
41. L. E. Herrera MEX
42. J. Frana ARG
— J. Frana 3:6, 2:6, 6:3, 6:3, 6:3
43. F. Roese BR
44. K. Curren USA
— K. Curren 6:3, 6:3, 6:1
— J. Frana 7:6, 6:2, 6:2
45. J. Sanchez E
46. J. C. Kriek USA
— J. Sanchez 6:4, 6:4, 6:7, 6:3
47. U. Riglewski D
48. K. Novacek (14) CS
— K. Novacek 7:6, 6:3, 6:4
— K. Novacek 6:0, 6:1, 7:6
— C. Novacek 6:1, 6:4, 5:7, 6:4
— J. Courier 6:3, 6:4, 6:2
49. A. Tscherkasov (12) SU
50. R. A. Reneberg USA
— R. A. Reneberg 6:4, 6:3, 6:4
51. D. Sapsford GB
52. M. Laurendeau CND
— M. Laurendeau 6:3, 7:6, 3:6, 6:3
— M. Laurendeau 3:6, 6:4, 6:7, 6:4, 6:2
53. B. Wuyts B
54. A. Volkov SU
— A. Volkov 6:1, 6:2, 6:2
55. A. Jarryd S
56. N. Kroon S
— A. Jarryd 6:3, 6:4, 3:6, 6:3
— A. Volkov 6:2, 3:6, 6:4, 3:6, 8:6
— A. Volkov 6:1, 6:2, 6:1
— M. Stich 4:6, 6:3, 7:5, 1:6, 7:5
57. C. Pistolesi I
58. O. Camporese I
— O. Camporese 6:1, 6:3, 2:6, 6:3
59. G. Michibata CND
60. J. Stoltenberg AUS
— G. Michibata 5:7, 6:4, 3:6, 7:6, 6:4
— O. Camporese 7:5, 6:2, 6:1
61. D. Nargiso I
62. M. Woodforde AUS
— D. Nargiso 6:4, 7:6, 7:6
63. D. Goldie USA
64. M. Stich (6) D
— M. Stich 6:4, 6:1, 6:2
— M. Stich 6:3, 6:4, 6:7, 6:2
— M. Stich 7:6, 6:2, 6:7, 6:4
— M. Stich 4:6, 7:6, 7:6, 7:6
65. A. Agassi (5) USA
66. G. Connell CDN
— A. Agassi 4:6, 6:1, 6:7, 7:5, 6:3
67. G. Prpic YU
68. J. Siemerink NL
— G. Prpic 6:4, 3:6, 6:3, 3:6, 10:8
— A. Agassi 7:6, 3:6, 6:4, 6:2
69. M. Larsson S
70. P. Haarhuis NL
— M. Larsson 6:4, 1:6, 6:3, 6:1
71. M. Ruah VEN
72. R. Krajicek NL
— R. Krajicek 5:7, 6:1, 3:6, 6:3, 6:4
— R. Krajicek 6:3, 6:4, 6:3
— A. Agassi 7:6, 6:3, 7:6
73. G. Muller ZA
74. J. Arrese E
— G. Muller 6:2, 6:3, 6:3
75. S. E. Davis USA
76. C. Saceanu D
— C. Saceanu 6:4, 7:6, 6:4
— C. Saceanu 7:6, 6:4, 3:6, 7:6
77. R. Vogel CS
78. J. Eltingh NL
— J. Eltingh 7:6, 6:7, 7:6, 6:7, 6:3
79. P. McEnroe USA
80. E. Sanchez (11) E
— P. McEnroe 6:3, 7:6, 6:1
— J. Eltingh 7:6, 2:6, 1:6, 6:4, 12:10
— J. Elthingh 6:3, 4:6, 6:4, 7:5
— A. Agassi 6:3, 3:6, 6:3, 6:4
81. J. Hlasek (13) CH
82. S. Zivojinovic YU
— J. Hlasek 6:2, 3:6, 6:3, 6:2
83. P. Arraya PE
84. T. A. Woodbridge AUS
— T. A. Woodbridge 2:6, 6:2, 6:3, 6:1
— T. A. Woodbridge 6:3, 1:6, 7:5, 6:3
85. M. Vajda CS
86. L. Jönsson S
— L. Jönsson 7:5, 6:3, 7:5
87. J. Gunnarsson S
88. P. Rebolledo RCH
— J. Gunnarsson 6:1, 7:5, 6:2
— J. Gunnarsson 6:2, 6:3, 2:6, 7:6
— J. Gunnarson 7:6, 4:6, 6:3, 6:4
— D. Wheaton 6:2, 0:6, 3:6, 7:6, 6:2
89. C. Pioline F
90. S. Layendecker USA
— C. Pioline 4:6, 6:3, 6:4, 7:6
91. D. Wheaton USA
92. P. Korda CS
— D. Wheaton 7:6, 6:7, 6:4, 6:2
— D. Wheaton 6:4, 6:7, 6:3, 6:3
93. M. Koevermans NL
94. M. Washington USA
— M. Washington 6:3, 6:2, 6:1
95. K. Evernden NZ
96. I. Lendl (3) CS
— I. Lendl 6:2, 7:5, 7:6
— I. Lendl 4:6, 2:6, 6:4, 6:4, 7:5
— D. Wheaton 6:3, 3:6, 7:6, 6:3
— D. Wheaton 6:4, 6:3, 6:1
97. G. Forget (7) F
98. G. Bloom IL
— G. Forget 2:6, 7:6, 7:5, 6:7, 6:4
99. M. Gustafsson S
100. F. Clavet E
— M. Gustafsson 7:6, 6:3, 6:3
— G. Forget 6:4, 6:3, 6:4
101. H. Leconte F
102. T. Carbonell E
— H. Leconte 6:3, 7:1, 7:6
103. N. Kulti S
104. F. Yzaga PE
— J. Yzaga 6:2, 7:5, 5:7, 6:1
— H. Leconte 6:4, 6:2, 6:3
— G. Forget 3:6, 4:6, 6:1, 4:1
105. R. J. Petchey GB
106. J. Pugh USA
— R. J. Petchey 4:6, 4:6, 6:3, 6:3, 8:6
107. P. Kühnen D
108. A. Rahunen SF
— P. Kühnen 6:4, 6:3, 6:4
— P. Kühnen 6:2, 6:4, 6:3
109. J. Bates GB
110. J. F. Altur E
— J. Bates 6:4, 6:4, 6:2
111. T. Mayotte USA
112. M. Chang (9) USA
— T. Mayotte 6:7, 4:6, 6:1, 7:6, 6:2
— T. Mayotte 6:3, 3:6, 6:4, 7:6
— T. Mayotte 3:6, 6:2, 7:6, 6:4
— G. Forget 6:7, 7:5, 6:2, 6:4
113. B. Gilbert (15) USA
114. D. Orsanic ARG
— B. Gilbert 7:5, 6:1, 6:2
115. W. Masur AUS
116. A. Mansdorf IL
— W. Masur 6:3, 1:6, 7:6, 6:4
— B. Gilbert 7:5, 2:6, 6:3, 5:7, 6:4
117. H. Holm S
118. C. Caratti I
— H. Holm 7:6, 6:3, 6:4
119. E. Masso B
120. C. Bergström S
— C. Bergström 6:1, 7:5, 6:3
— C. Bergström 7:5, 6:0, 6:4
— C. Bergstrom 6:3, 6:2, 3:6, 6:3
— B. Becker 6:4, 7:6, 7:5
121. S. Matsuoka J
122. L. Mattar BR
— L. Mattar 6:4, 4:6, 6:7, 7:5, 7:5
123. A. Olschovski SU
124. E. Jelen D
— A. Olschovski 3:6, 6:3, 6:3, 7:6
— A. Olschowsk 2:6, 7:6, 6:4, 4:6, 6:3
125. R. Fromberg AUS
126. P. Lundgren S
— P. Lundgren 6:4, 7:6, 6:2
127. C.-U. Steeb D
128. B. Becker (2) D
— B. Becker 6:4, 6:2, 6:4
— B. Becker 7:6, 7:5, 7:5
— B. Becker 6:1, 6:4, 3:6, 6:3
— B. Becker 6:3, 6:7, 6:1, 7:6

158

Ergebnisse Damen-Einzel

Rundenspalten: 1. Runde — 2. Runde — 3. Runde — 1/8 — 1/4 — 1/2 — Finale

1. Runde

1.	S. Graf	(1)	D
2.	S. Appelmans		B
3.	C. Porwik		D
4.	T. A. Harper		USA
5.	K. S. Rinaldi		USA
6.	N. Herreman		F
7.	A. B. Henricksson		USA
8.	Y. Basuki		RI
9.	J. Halard		F
10.	C. N. Toleafoa		NZL
11.	D. A. Graham		USA
12.	M. Werdel		USA
13.	F. Bonsignori		I
14.	R. M. White		USA
15.	K. Kschwendt		LUX
16.	A. Frazier	(14)	USA
17.	A. Huber	(13)	D
18.	V. Martinek		D
19.	T. S. Whitlinger		USA
20.	M. Maleeva		BG
21.	M. M. Bollegraf		NL
22.	V. S. Humphreys-Davies		GB
23.	J. M. Durie		GB
24.	H. Kelesi		CDN
25.	N. Miyagi		J
26.	E. Zardo		CH
27.	M. Strandlund		S
28.	R. Hiraki		J
29.	E. Pampoulova		BG
30.	B. A. Borneo		GB
31.	S. L. Gomer		GB
32.	Z. L. Garrison	(7)	USA
33.	A. Sanchez-Vicario	(4)	E
34.	B. Rittner		D
35.	F. Romano		I
36.	A. J. Coetzer		ZA
37.	P. Langrova		CS
38.	L. M. McNeil		USA
39.	C. Bartos		CH
40.	N. Sawamatsu		J
41.	J.-A. Faull		AUS
42.	K. Godridge		AUS
43.	A. L. Minter		AUS
44.	S. Martin		USA
45.	D. L. Faber		USA
46.	C. Caverzasio		CH
47.	G. Fernandez		USA
48.	H. Sukova	(10)	CS
49.	H. Wiesner	(16)	A
50.	H. Cioffi		USA
51.	L. Savchenko		SU
52.	A. Temesvari		H
53.	B. Griffiths		GB
54.	C. Kohde-Kilsch		D
55.	N. A. M. Jagermann		NL
56.	M. Oremans		NL
57.	P. H. Shriver		USA
58.	A. C. Leand		USA
59.	E. de Lone		USA
60.	B. Fulco		RA
61.	A. A. Keller		USA
62.	L. Golarsa		I
63.	P. Kamstra		NL
64.	M. J. Fernandez	(5)	USA
65.	J. Novotna	(6)	CS
66.	N. Pratt		AUS
67.	B. Schultz		NL
68.	B. Reinstadler		A
69.	B. Nagelsen		USA
70.	E. Brioukhovets		SU
71.	S. L. Smith		GB
72.	N. Provis		AUS
73.	W. Probst		D
74.	E. Sviglerova		CS
75.	E. Callens		B
76.	N. von Lottum		F
77.	R. Zrubakova		CS
78.	R. McQuillan		AUS
79.	S. C. Stafford		USA
80.	J. Capriati	(9)	USA
81.	A. M. Checchini	(15)	I
82.	P. D. Smylie		AUS
83.	S. P. Sloane		USA
84.	C. Suire		F
85.	I. Demongeot		F
86.	C. Lindqvist		S
87.	K. Habsudova		CS
88.	C. Dahlman		S
89.	S. L. Bentley		GB
90.	M. Kidowaki		J
91.	L. Garrone		I
92.	S. W. Magers		USA
93.	A. Dechaume		F
94.	A. L. Grunfeld		GB
95.	E. Reinach		ZA
96.	M. Navratilova	(3)	USA
97.	K. Maleeva	(8)	BG
98.	J. A. Salmon		GB
99.	K. D. Hand		GB
100.	A. Grossmann		USA
101.	R. D. Fairbank-Nideffer		USA
102.	P. Hy		CDN
103.	P. Paradis-Mangon		F
104.	K. Radford		AUS
105.	S. C. Rehe		USA
106.	M. de Swardt		ZA
107.	C. J. Wood		GB
108.	L. Gildemeister		PER
109.	L. M. Harvey-Wild		USA
110.	T. J. Kreiss		USA
111.	C. Tessi		RA
112.	N. Zvereva	(12)	SU
113.	N. Tauziat	(11)	F
114.	R. Rajchrtova		CS
115.	A. Kijumuta		J
116.	M. Paz		RA
117.	J. M. Hetherington		CDN
118.	P. A. Fendick		USA
119.	L. Ferrando		I
120.	K. Date		J
121.	G. Helgeson		USA
122.	C. E. Cunningham		USA
123.	A. Strnadova		CS
124.	S. J. Loosemore		GB
125.	R. P. Stubbs		AUS
126.	K. Quentrec		F
127.	M. Javer		GB
128.	G. Sabatini	(2)	RA

2. Runde

- S. Graf 6:2, 6:2
- T. A. Harper 6:4, 6:1
- N. Herreman 7:5, 6:2
- Y. Basuki 6:4, 7:6
- J. Halard 6:1, 2:6, 6:3
- M. Werdel 6:3, 6:2
- R. M. White 6:1, 6:1
- A. Frazier 7:6, 6:4
- A. Huber 6:2, 6:1
- T. S. Whitlinger 6:1, 6:3
- M. M. Bollegraf 6:4, 6:4
- J. M. Durie 6:3, 6:2
- E. Zardo 6:0, 6:3
- M. Strandlund 6:2, 7:6
- E. Pampoulova 2:6, 6:3, 6:4
- Z. L. Garrison 6:3, 6:3
- A. Sanchez-Vicario 6:1, 6:2
- A. J. Coetzer 7:6, 6:2
- L. M. McNeil 6:4, 7:5
- N. Sawamatsu 6:2, 6:2
- J.-A. Faull 6:0, 6:2
- A. L. Minter 6:4, 6:0
- D. L. Faber 6:3, 6:7, 6:2
- G. Fernandez 4:6, 6:1, 6:4
- J. Wiesner 6:1, 6:2
- L. Savchenko 6:2, 6:7, 8:6
- C. Kohde-Kilsch 6:1, 6:3
- N. A. M. Jagermann 7:5, 6:4
- P. H. Shriver 6:0, 7:5
- B. Fulco 3:6, 6:2, 6:4
- A. A. Keller 7:5, 6:3
- M. J. Fernandez 6:2, 6:4
- J. Novotna 6:3, 6:0
- B. Schultz 6:3, 6:0
- E. Brioukhovets 6:2, 6:1
- N. Provis 3:6, 6:4, 6:2
- W. Probst 7:6, 7:5
- E. Callens 7:6, 2:6, 7:5
- R. Zrubakova 7:6, 6:2
- J. Capriati 6:0, 7:5
- P. D. Smylie 6:3, 3:6, 6:1
- C. Suire 6:2, 6:2
- C. Lindqvist 6:1, 6:0
- K. Habsudova 6:3, 6:2
- M. Kidowaki 1:6, 7:5, 6:1
- L. Garrone 6:4, 7:6
- A. L. Grunfeld 6:4, 6:4
- M. Navratilova 4:6, 6:2, 6:4
- K. Maleeva 7:5, 6:3
- A. Grossmann 6:0, 6:4
- P. Hy 6:2, 3:6, 6:0
- P. Paradis-Mangon 6:3, 6:2
- M. de Swardt 6:3, 3:6, 6:4
- L. Gildemeister 6:4, 6:4
- L. M. Harvey-Wild 6:4, 6:2
- N. Zvereva 7:6, 6:4
- N. Tauziat 6:4, 7:5
- A. Kijumuta 6:1, 6:3
- P. A. Fendick 7:6, 4:6, 6:1
- L. Ferrando 6:4, 3:6, 6:2
- C. E. Cunningham 7:6, 6:4
- A. Strnadova 6:4, 7:5
- K. Quentrec 6:2, 6:2
- G. Sabatini 6:4, 6:0

3. Runde

- S. Graf 6:0, 6:1
- Y. Basuki 6:4, 6:4
- M. Werdel 6:2, 6:4
- A. Frazier 7:5, 6:4
- A. Huber 6:2, 6:1
- M. Bollegraf 6:3, 5:7, 6:3
- M. Strandlund 6:4, 6:4
- Z. L. Garrison 6:3, 6:1
- A. Sanchez-Vicario 6:4, 6:1
- L. M. McNeil 3:6, 6:2, 6:2
- A. L. Minter 6:3, 6:0
- G. Fernandez 7:5, 7:5
- J. Wiesner 6:3, 6:0
- C. Kohde-Kilsch 7:6, 6:2
- P. H. Shriver 6:0, 6:3
- M. J. Fernandez 7:6, 6:1
- B. Schultz 4:6, 7:6, 6:4
- E. Brioukhovets 7:6, 6:4
- W. Probst 7:6, 6:3
- J. Capriati 6:2, 6:3
- P. D. Smylie 6:3, 6:4
- C. Lindqvist 6:3, 6:2
- L. Garrone 6:4, 6:3
- M. Navratilova 6:3, 6:1
- K. Maleeva 6:4, 6:4
- P. Hy 4:6, 6:4, 6:2
- L. Gildemeister 6:4, 6:1
- L. M. Harvey-Wild 6:4, 6:1
- N. Tauziat 6:1, 6:1
- L. Fernando 4:6, 6:1, 7:5
- A. Strnadova 6:1, 6:3
- G. Sabatini 6:4, 6:2

1/8

- S. Graf 6:2, 6:3
- A. Frazier 6:2, 6:1
- A. Huber 6:3, 6:7, 6:0
- Z. L. Garrison 6:3, 6:3
- A. Sanchez-Vicario 6:2, 6:4
- A. Minter 6:3, 6:3
- J. Wiesner 3:6, 7:5, 6:1
- M. Fernandez 6:3, 7:5
- B. Schultz 5:7, 6:4, 7:5
- J. Capriati 6:3, 1:6, 6:3
- C. Lindqvist 6:1, 7:6
- M. Navratilova 6:2, 6:2
- K. Maleeva 6:3, 6:4
- L. Gildemeister 6:4, 6:1
- N. Tauziat 6:1, 6:1
- G. Sabatini 6:1, 6:3

1/4

- S. Graf 6:2, 6:1
- Z. L. Garrison 4:6, 6:3, 6:0
- A. Sanchez-Vicario 7:5, 3:6, 6:1
- M. J. Fernandez 6:0, 7:5
- J. Capriati 3:6, 6:1, 6:1
- M. Navratilova 6:1, 6:3
- L. Gildemeister 3:6, 6:2, 6:3
- G. Sabatini 7:6, 6:3

1/2

- S. Graf 6:1, 6:3
- M. J. Fernandez 6:2, 7:5
- J. Capriati 6:4, 7:5
- G. Sabatini 6:2, 6:1

Finale

- S. Graf 6:2, 6:4
- G. Sabatini 6:4, 6:4

Siegerin: S. Graf 6:4, 3:6, 8:6

HERRENDOPPEL

Erste Runde: Davis/Pate (1) — Mora/Svantesson 6:4, 6:4; Holm/Nyborg — Flegl/Prpic 6:2, 6:3; Botfield/Turner — Davids/ Siemerink 7:6, 7:6; Ferreira/Norval (15) — Oosting/Wekesa 7:6, 7:5;

Haygarth/Talbot — Riglewsky/Stich (9) 7:6, 6:3; Devries/MacPherson — Mattar/Oncins 6:3, 7:5; Patridge/Rive — Ison/Petchey 3:6, 6:3, 6:4; Woodbridge/Woodforde (8) — Mordegan/Vogel 6:4, 6:3;

Ivanisevic/McEnroe — Leach/Pugh (3) 6:3, 6:4; Courier/D. Flach — Olschovsky/Pimek 6:3, 6:3; Annacone/Everden — Novacek/Smid 6:7, 7:6, 6:3; Black/Middleton — Grabb/P. McEnroe (13) 3:6, 6:3, 6:3;

Haarhuis/Koevermanns (12) — Schapers/Smith 6:1, 7:6; Layendecker/Reneberg — Nelson/Shelton 6:2, 6:7, 6:2; Frana/Lavalle — Gorriz/Roig 6:2, 6:2; Muller/Visser (5) — Aerts/Van´t Hof 6:3, 6:4

Adams/Dzelde — Kinnear/Salumaa 6:3, 6:4; Brown/Garnett — Boscatto/Pescosolido 6:3, 6:7, 6:4; Albano/Cannon — Nargiso/Sanchez 3:6, 6:3, 6:4; Jones/Lazano (11) — Bates/Brown 6:3, 7:5;

Krajicek/Vacek — Broad/Curren (14) 6:4, 6:3; Flach/Seguso — Bathman/Bergh 7:6, 6:3; Carbonell/Korda — Beckman/Melville 6:2, 6:4; Connell/Michibata (4) — Castle/Van Emburgh 6:4, 6:2;

Galbraith/Witsken (7) — Bahrami/Gilbert 7:5, 6:3; Garrow/Pearce — Kruger/Van Rensburg 6:3, 6:3; Nijssen/Suk — Laurendeau/Roese 6:4, 6:4; Jensen/Warder (10) — Bloom/Doohan 6:4, 6:4;

Fulwood/Sapsford — Dyke/Lundgren (16) 6:4, 6:4; Kratzmann/Youl — Hand/Wilkinson 7:6, 6:3; Luza/Motta — Borwick/A. Kratzmann 6:1, 6:2; Fitzgerald/Jarryd (2) — Masur/Stoltenberg 6:3, 6:4

Zweite Runde: Davis/Pate (1) — Holm/Nyborg 6:3, 7:6; Ferreira/Norval (15) — Botfield/Turner 7:5, 6:3; Haygarth/Talbot — Devries/MacPherson 6:4, 6:4; Woodbridge/Woodforde (8) — Patrige/Rive 6:4, 6:4; Ivanisevic/McEnroe — Courier/D. Flach 6:3, 6:7, 4:6; Annacone/Everden — Black/Middleton 6:3, 7:6; Haarhuis/Koevermans (12) — Layendecker/Reneberg 7:6, 6:3; Frana/Lavalle — Muller/Visser (5) 7:6, 6:3; Brown/Garnett — Adams/Dzelde 7:6, 6:4; Albano/Cannon — Jones/Lazano (11) 6:3, 6:3; Krajicek/Vacek — Flach/Seguso 7:6, 6:3; Connell/Michiba (4) — Corbanell/Korda 6:4, 7:5; Galbraith/Witsken (7) — Garrow/Pearce 6:7, 6:4, 6:3; Nijssen/Suk — Jensen/Warder (10) 7:5, 3:6, 7:5; Kratzmann/Youl — Fulwood/Sapsford 6:3, 6:4; Fitzgerald/Jarryd (2) — Luza/Motta 6:4, 7:6

Achtelfinale: Ferreira/Norval (15) — Davis/Pate (1) 7:6, 5:7, 9:7; Woodbridge/Woodforde (8) — Haygarth/Talbot 6:2, 6:3; Annacone/Everden — Courier/D. Flach 6:2, 7:6; Frana/Lavalle — Haarhuis/Koevermans (12) 6:3, 6:4; Albano/Cannon — Brown/Garnett 7:6, 6:3; Connell/Michibata (4) — Flach/Seguso 6:4, 7:6; Galbraith/Witsken (7) — Nijssen/Suk 6:4, 4:6, 13:11; Fitzgerald/Jarryd (2) — Kratzmann/Youl 7:6, 6:4

Viertelfinale: Ferreira/Norval — Woodbridge/Woodforde 7:6, 6:4, 6:4; Frana/Lavalle — Annacone/Everden 6:4, 6:4, 7:5; Connell/Michibata (4) — Albano/Cannon 5:7, 2:6, 7:6, 7:6, 10:8; Fitzgerald/Jarryd (2) — Galbraith/Witsken (7) 6:4, 6:0, 6:4;

Halbfinale: Frana/Lavalle — Ferreira/Norval (15) 6:2, 6:4, 7:6; Fitzgerald/Jarryd (2) — Connell/Michibata (4) 6:2, 6:7, 7:6, 6:4

Finale: Fitzgerald/Jarryd — Frana/Lavalle 6:3, 6:4, 6:7, 6:1

DAMENDOPPEL

Erste Runde: G. Fernandez/Novotna (1) — Langova/Zrubakova 6:1, 6:1; Rehe/Temesvari — Maleeva/Maleeva 7:6, 7:6; Griffith/Wood — Grunfeld/Loosemore 6:4, 6:4; Hetherington/Rinaldi (12) — Jankovska/Melicharova 6:3, 6:2;

Stafford/Whitlinger — Burgin/Fendick (9) 2:6, 6:2, 6:4; Borneo/Wood — Bakkum/Jagermann 6:3, 7:5; Pfaff/Stubbs — Basuki/Wibowo 6:4, 4:6, 6:3; Magers/White (7) — Demongeot/Durie 7:5, 7:5;

Fernandez/Garrison (4) — Laskova/Maniokova 6:2, 6:3; Coorengel/Van Buuren — Novelo/Somerville 6:4, 6:4; Jaggard/Suire — Hiraki/Nishiya 7:6, 6:1; Kohde-Kilsch/Reinach (13) — Kelesi/Smoller 6:3, 6:3;

Gregory/May (16) — Kijimuta/Miyagi 6:2, 4:6, 6:1; Rajchrtova/Strnadova — Benjamin/Whittington 6:7, 6:3, 7:5; Paradis-Mangon/Scott — Ferrando/Golarsa 7:5, 6:2; Jordan/McNeil (5) — Dechaume/Probst 6:2, 6:3;

Navratilova/Shriver (8) — Hand/Salmon 6:1, 6:0; Harper/Kidowaki — Gomer/Lake 4:6, 7:6, 6:4; Faull/McQuillan — Garrone/Kschwendt 7:5, 4:6, 6:1; Fairbank-Nideffer/Schultz (15) — Collins/Radford 6:2, 1:6, 6:4;

Capriati/Paz (11) — Pospisilova/Sviglerova 6:1, 6:4; Appelmans/Vis — Barnard/Henriksson 6:4, 7:6; Cioffi/Frazier — Graf/Porwik 6:1, 7:6, 6:4; Sanchez Vicario/Sukova (3) — Halard/Huber 7:6, 6:4;

Provis/Smylie (6) — Baranski/Morton 6:3, 6:1; Budarova/Nohacova — Cordwell/Linqvist 7:6, 7:5; Date/Iida — MacGregor/Mager 6:4, 6:2; Adams/Bollegraf (10) — Field/Strandlund 6:2, 7:6

Tauziat/Wiesner (14) — Godbridge/Helgeson 6:3, 7:5; Gildemeister/Scheuer-Larsen — Spadea/Ter Riet 6:4, 6:2; Javer/Smith — Limmer/Woolcock 7:6, 6:3; Savschenko/Zvereva (2) — Caverzasio/Herreman 6:2, 6:2;

Zweite Runde: G. Fernandez/Novatna (1) — Rehe/Temesvari 6:7, 6:4, 6:2; Hetherington/Rinaldi (12) — Griffiths/J.Wood 6:4, 6:2; Stafford/Whitlinger — Borneo/Wood 6:2, 6:2; Magers/White (7) — Pfaff/Stubbs 6:4, 6:2; Fernandez/Garrison (4) — Coorengel/Van Buuren 6:1, 6:3; Kohde-Kilsch/Reinach (13) — Jaggard/Suire 6:4, 6:4; Rajchrtova/Strnadova — Gregory/May (16) 6:0, 7:5; Jordan/McNeil (5) — Paradis-Mangon/Scott 6:1, 6:1; Navratilova/Shriver (8) — Harper/Kidowaki 6:4, 6:0; Faull/McQuillan — Fairbank-Nideffer/Schultz 6:2, 1:6, 6:4; Capriati/Paz (11) — Appelmans/Vis 6:2, 6:3; Sanchez Vicario/Sukova (3) — Cioffi/Frazier 4:6, 6:1, 6:1; Provis/Smylie (6) — Budarova/Nohacova 6:4, 6:2; Adams/Bollegraf (10) — Date/Iida 7:6, 6:3; Tauziat/Wiesner (14) — Gildemeister/Scheuer-Larsen 7:6, 6:3; Savchenko/Zvereva (2) — Javer/Smith 6:3, 6:3

Achtelfinale: G. Fernandez/Novotna (1) — Hetherington/Rinaldi (12) 6:2, 7:6; Magers/White (7) — Stafford/Whitlinger 6:2, 6:2; Fernandez/Garrison (4) — Kohde-Kilsch/Reinach (13) 6:3, 6:1; Jordan/McNeil (5) — Rajchrtova/Strnadova 6:2, 7:6; Navratilova/Shriver (8) — Faull/McQuillan 6:7, 6:2, 6:2; Sanchez Vicario/Sukova (3) — Capriati/Paz (11) 6:2, 6:7, 6:1; Adams/Bollegraf (10) — Provis/Smylie (6) 6:2, 7:6; Savchenko//Zvereva (2) — Tauziat/Wiesner (14) 6:1, 6:0

Viertelfinale: G. Fernandez/Novotna (1) — Magers/White (7) 6:3, 6:3; Fernandez/Garrison (4) — Jordan/McNeil (5) 4:6, 7:6, 6:2; Navratilova/Shriver (8) — Sanchez Vicario/Sukova (3) 6:3, 7:6; Savchenko/Zvereva (2) — Adams/Bollegraf (10) 6:4, 6:2;

Halbfinale: G. Fernandez/Novotna (1) — Fernandez/Garrison (4) 7:6, 6:2; Savchenko/Zvereva (2) — Navratilova/Shriver (8) 2:6, 6:2, 6:4

Finale: Savchenko/Zvereva (2) — G. Fernandez/Novotna (1) 6:2, 3:6, 6:4

MIXED

Erste Runde: Pugh/Zvereva (1) — Brown/Wood 6:2, 6:3; Evernden/McQuillan — Stolle/VanLottum 3:6, 6:3, 6:4; Bates/Durie — Broad/Pfaff 6:3, 6:2; Lozano/Sanchez Vicario (12) — Morgan/Jones 7:5, 6:3;

Kinnear/Benjamin — Ferreira/Gregory (15) 2:6, 6:4, 14:12; Leconte/Graf — Beckman/Harper 6:1, 6:2; Norval/Bollegraf — Petchey/Loosemore 4:6, 6:4, 6:1; Michibata/Hetherington (6) — Amend/Ludloff 6:4, 6:7, 9:7;

Canter/May — Davis/White (3) 6:3, 6:4; Koevermans/Ter Riet — MacPherson/Godridge 4:6, 6:3, 6:4; Talbot/Cordwell — Melville/Somerville 6:7, 6:1; Dyke/Jaggard — Grabb/Burgin (14) 6:3, 6:3;

Woodbridge/Provis (9) — Nelson/Magers 6:2, 6:2; Smith/Suire — Fulwood/Gomer 7:5, 7:5; Colombini/Golarsa — Seguso/Bassett-Seguso 6:2, 4:6, 9:7; Connell/Rinaldi (8) — Thorne/Wibowo 6:4, 6:3;

Woodforde/Frazier — Galbraith/Fendick (5) 6:1, 1:6, 6:4; Van Rensburg/Reinach — Brown/Stafford 6:2, 2:6, 6:3; Siemerink/Vis — Borwick/Scott 4:6, 6:3, 12:10; Kratzmann/Shriver (16) — Youl/Field 6:1, 6:2;

Flach/Jordan (11) — Cannon/Adams 7:6, 6:4; Salumaa/Kschwendt — Van't Hof/MacGregor 4:6, 6:1, 11:6; Schapers/Schultz — Nijssen/Temesvari 5:7, 3:7, 29:27; Leach/Garrison (4) — Kruger/Strnadova 3:6, 6:1, 6:2;

Devries/Miyagi — Bale/Van Buuren 6:3, 7:6; Rive/Collins — Warder/Faull 6:7, 6:4, 6:2; Stoltenberg/Stubbs — Mayotte/Fernandez 4:6, 6:2, 6:2; Visser/Fairbank-Nideffer (10) — Kratzmann/Guse 6:4, 6:2;

Suk/Sukova (13) — Shelton/McNeil 7:6, 6:7, 6:2; Garnett/Bakkum — Svantesson/Whitlinger 6:4, 6:2; Pimek/Savchenko — Van Emburgh/Mager 4:6, 6:4, 6:3; Fitzgerald/Smylie (2) — Annacone/Rehe 6:4, 6:2;

Zweite Runde: Pugh/Zvereva (1) — Evernden/McQuillan 2:6, 6:3, 6:4; Bates/Durie — Lozano/Sanchez Vicario (12) 6:4, 6:4; Leconte/Graf — Kinnear/Benjamin 6:2, 7:5; Michibata/Hetherington (6) — Norval/Bollegraf 7:6; Koevermans/Ter Riet — Canter/May 7:5, 6:7, 6:4; Dyke/Jaggard — Talbot/Cordwell 6:4, 6:7, 6:3; Woodbridge/Provis (9) — Smith/Suire 7:5, 6:3; Connell/Rinaldi (8) — Colombini/Golarsa 5:7, 6:1, 6:4; Van Rensburg/Reinach — Woodforde/Frazier 6:4, 6:1; Siemerink/Vis — Kratzmann/Shriver (16) 7:6, 3:6, 10:8; Salumaa/Kschwendt — Flach/Jordan (11) 6:4, 6:3; Schapers/Schultz — Leach/Garrison (4) 3:6, 6:3, 13:11; Devries/Miyagi — Rive/Collins 4:6, 6:3, 6:4; Stoltenberg/Stubbs — Visser/Fairbank-Nideffer 6:3, 3:6, 6:3; Suk/Sukova (13) — Garnett/Bakkum 7:6, 7:6; Fitzgerald/Smylie (2) — Pimek/Savchenko 6:3, 6:2;

Achtelfinale: Pugh/Zvereva (1) — Bates/Durie 7:5, 6:4; Michibata/Hetherington (6) — Leconte/Graf 6:4, 7:6; Dyke/Jaggard — Koevermans/Ter Riet 6:2, 6:3; Connell/Rinaldi (8) — Woodbridge/Provis (9) 5:7, 7:6, 6:4; Van Rensburg/Reinach — Siemerink/Vis 6:2, 6:4; Schapers/Schultz — Salumaa/Kschwendt 3:6, 6:2, 6:1; Stoltenberg/Stubbs — Devries/Miyagi 7:6, 6:3; Fitzgerald/Smylie (2) — Suk/Sukova (13) 6:3, 6:4

Viertelfinale: Pugh/Zvereva (1) — Michibata/Hetherington (6) 6:4, 6:3; Connell/Rinaldi (8) — Dyke/Jaggard 6:4, 6:4; Van Rensburg/Reinach — Schapers/Schultz 7:6, 7:6; Fitzgerald/Smylie (2) — Stoltenberg/Stubbs 6:4, 6:2

Halbfinale: Pugh/Zvereva (1) — Connell/Rinaldi (8) 7:5, 6:2; Fitzgerald/Smylie (2) — Van Rensburg/Reinach 7:5, 3:6, 7:5

Finale: Fitzgerald/Smylie (2) — Pugh/Zvereva (1) 7:6, 6:2